南怀瑾经典丨辅读版

南怀瑾说儒

王　颖\著

时事出版社

图书在版编目（CIP）数据

南怀瑾说儒 / 王颖著 .—北京：时事出版社，2017.1（2020.2 重印）
ISBN 978-7-5195-0067-2

Ⅰ．①南…　Ⅱ．①王…　Ⅲ．①南怀瑾（1917-2012）-国学 - 研究　Ⅳ．① B26 ② Z126

中国版本图书馆 CIP 数据核字（2016）第 297699 号

出 版 发 行：时事出版社
地　　　址：北京市海淀区万寿寺甲 2 号
邮　　　编：100081
发 行 热 线：（010）88547590　88547591
读者服务部：（010）88547595
传　　　真：（010）88547592
电 子 邮 箱：shishichubanshe@sina.com
网　　　址：www.shishishe.com
印　　　刷：三河市华润印刷有限公司

开本：670 × 960　1/16　印张：18　字数：246 千字
2017 年 1 月第 1 版　2020 年 2 月第 3 次印刷
定价：32.00 元
（如有印装质量问题，请与本社发行部联系调换）

前 言

对国之学术，今世之人不论礼乐佳篇，但论书香铜臭，鲜有佳作。然纵观百家之言，其一言甚之有理："不读南怀瑾，何以知国学。"南怀瑾得如此美誉，不仅在于"颂优游以彬蔚，论精微而朗畅"的文采，更在于"承袭百家之精粹"的学问。南怀瑾先生是真正当得起赞誉的国学大师。

古说才德难两全，才高者易流于宕逸，德厚者偏于儒顺。南怀瑾先生鉴古达今，见微知著，才德兼备，超凡人尘，用舍无尤，行藏合道，世人颂以"大居士"、"教授"、"宗教家""哲学家"、"禅宗大师"和"国学大师"，可谓不无道理。

南怀瑾先生自出版第一本著作《禅海蠡测》以来，佳作频出，更有《论语别裁》《孟子旁通》《易经杂说》《老子他说》《庄子南华》《列子臆说》《药师经的济世观》和《圆觉经略说》等著作。这些作品涉猎颇广，或旁征博采、用明其体，或记事论人、欲证其用。南怀瑾先生不愧为中国传统文化的当代弘扬者，其作品博大精深、深入浅出、生动有趣，是学习中国传统文化的捷径。先生的作品不仅重新剖析和阐释了传统儒、释、道三家的经典，而且从哲学的思想角度引发现代人思考，可直探骊珠，会之于心，由此来探讨现代人的世界观、人生观和哲学观。他所研究讨论的问题不局限在单一的方面，可论生死，或论名利，无所不论，但论博深，此言论洋洋洒洒，发人深省。先生文章博文而才智，以浅显通俗的方法讲述国学之智慧，往往见解精深，妙趣横生，读之有益。

诚如“众盲摸象，各执一端”，世人无法给南怀瑾先生一个固定的称谓，如儒家、道家、佛家大师等说法纷纭，致使读者很难有机会精读一方面的内容，往往造成贪多嚼不烂的情况，所以本书便精选儒家来阐述。

为何选择儒家呢?

自汉武帝罢黜百家，独尊儒术以来，距今千年，纵使时有否泰，势有分合，固以儒术而明智。也如南怀瑾先生言：中国文化和精深文明的主流，以儒家“四书”、“五经”为中心。由此，本书甄选儒家的经典话题，以南怀瑾先生的国学研究著述为主旨核心，围绕国学经典中的话题，结合当下人们生活的具体案例，对晦涩难懂的国学智慧进行解读。从思想方面，我们力图再现南怀瑾先生的经典阐释；在文字方面，则尽量与他的著述风格保持一致。读者在聆听南怀瑾先生讲解的同时，也能为自己的心灵寻找到正确的指引和帮助。

目录

第一章

南怀瑾谈儒学中的处世哲学：

世事洞明皆学问，人情练达即文章

儒家哲学最重视处世哲学，而建立一个现世的理想社会是儒家最原始的关怀。为了设计一个完美的伦理社会，孔、孟、荀等人都不断提出各种有关处世伦理的观点，这也正是儒学大师南怀瑾先生所关注的问题。“世事洞明皆学问，人情练达即文章”，他对儒学中的处世哲学做了详细而生动的讲述，阐发人文掌故，妙趣横生，同时从儒家思想中提炼出许多人生道理，令人深思，回味无穷。

难得糊涂，不如归去

聪明难，糊涂亦难，由聪明而转入糊涂更难。

——南怀瑾

南怀瑾先生在《论语别裁》里讲了清代才子郑板桥关于“难得糊涂”的故事。郑板桥是江苏人，出身贫寒，考取功名之前全靠卖画、教书为生。当时教书先板桥的收入很低，所以古人才会讲“命薄不如趁早死，家贫无奈做先生”。后来郑生考取功名，成了山东潍坊的县令。他时常教育家中后生，不要一心想着读书考功名，只要规规矩矩地学个一技之长，长大了有口饭吃，平平安安过一辈子，就已经是莫大的幸福。所以，郑板桥写下了“难得糊涂”四个大字。

南怀瑾对郑板桥提出的“难得糊涂”的处世态度极为推崇。何谓“难得糊涂”，就像南怀瑾说的，“聪明难，糊涂亦难，由聪明而转入糊涂更难。放一招，退一步，当下安心，非图后来福报也”。有时候，学会掩饰自己的锋芒，以一颗清醒的愚心来面对世间的纷纷扰扰，未尝不是一种智慧。

学会恕道，原谅某些冒犯

《论语·卫灵公》中，子贡曾问孔子：“有一言而可以终身行之者乎？”子曰：“其恕乎！”这说的是，子贡曾问孔子：“老师，有没有一个词可以作为终身奉行的准则呢？”孔子说：“那大概是宽恕吧！”人际交往中，难免会产生这样那样的摩擦，面对他人的冒犯，我们无需斤斤计较，不如糊涂一点，往后退一步就会看到一片新的天地。

诸葛亮去世后，蒋琬接任了宰相的位置，把持蜀国朝政。当时有一个名叫杨戏的人深得蒋琬器重，但是杨戏生性孤傲、讷于言辞，每次蒋琬与他说话都是在自说自话，杨戏一般都低头不语。于是有些别有用心的人就见缝插针，在蒋琬面前嘀咕道：“杨戏这个人太不尊敬您了，真不像话！”每次听到这样的言辞，蒋琬都坦然一笑，说道：“人心不同，各如其面，当面顺从而背后非议，这并非君子所为。杨戏这人生性坦直，反倒让我少了许多对他的戒心。”面对性格孤僻的杨戏，蒋琬没有从阴暗面去揣测他，也没有和他斤斤计较，而是采取了一种“装糊涂、不计较”的宽容态度来与之相处。

就像南怀瑾先生所说，“学会宽容别人，不要为了一点小事，就与别人‘势不两立’”。那些能在生活中以一颗愚心面对纷纷扰扰的人，才是真正的有福之人；而锱铢必较的人总会为了一些琐碎小事而耿耿于怀，稍不如意就会拍案而起，对他人恶语相向，自己的人生也会陷入斤斤计较的泥潭之中。

不要奢望所有人都喜欢你

人活一世，总避不开他人的目光和言论。正如孟子所言，“恻隐之心，人皆有之”。所谓“恻隐之心”，不仅是指人的同情心，更确切地说是人的一种私心的偏爱。正是如此，人有私好自然也会有私恶，所谓好恶之心亦是人皆有之。

南怀瑾先生说过，大千世界，芸芸众生，每个人都有着自己喜欢的、厌恶的，不可能所有人都喜欢你。所以，人活一世，对外要糊涂，对内要清醒，也就是说面对他人的指指点点要糊涂一点，不要过于介怀，最重要的是要面对自己的内心，做好自己。

有一位年轻的画家将自己非常得意的一幅画作拿去展览厅展览。为了从他人那里听取意见、汲取灵感，画家特意在自己的画作旁边放了一支笔，希望人们可以给他提意见。晚上画家兴冲冲地去展厅取画，却发现整幅画作上被涂满了各种记号，画上的一笔一画都遭到人们的指责。他非常沮丧，甚至一度觉得自己根本就不适合拿画笔。他的一位朋友听说了他的遭遇，给他出了一个主意。画家按朋友说的，临摹了一幅同样的画作拿去展厅展出，但是这一次他要求观赏者在画上标注出他们喜欢和欣赏的地方。结果当天晚上他再次去取回那幅画时，发现和上次一样，那幅画也被涂满了各种大大小小的记号。那些曾经遭到苛责的地方，如今成为另一些人眼中美的体现。

画家跟他的朋友感慨道："现在我终于明白，人不要活在他人的目光里，因为你无论做任何事情都不可能让所有人满意。因为在一些人眼中看起来是瑕疵的东西，在另外一些人眼中反而是美好的。"

一些人眼中的缺点到了另一些人眼中可能会成为优点，因为每个人对人、对事、对物的看法都有所差别。主观的看法，见仁见智，难免偏颇；客观的评价，说起来容易，真正要实施却很难。所以，无论我们做什么，外界对此的评价都会有好有坏。面对他人的评价，我们不妨糊涂一点，以一颗平常心去应对，不要让那些过眼云烟般的评论扰乱了我们的心。

千古难明，唯有自知

所以，高明的人，先要自知，然后才能知人。

——南怀瑾

关于“自知”这个话题，南怀瑾先生在《孟子旁通》中曾提到，“眼高于顶，命薄如纸”，这也是如今刚毕业大学生在找工作过程中常见的问题。在当代社会，教育在很大程度上教授的是学问和知识，与实际工作脱节，而大学毕业生在求职时往往能力欠缺，眼光倒不低，以至于生存都成问题。在南怀瑾先生看来，做学问和工作实践从来都不是一码事，二者应该分开来看。当下有份工作最重要，能够在社会中立足，能够养活自己才是首要任务，而学问是无论从事什么工作的人都可以做的。

南怀瑾先生认为，“自知”是聪明人都具备的处世态度。“自知之明”说的就是对自己的情况充分了解，对自己的估计也很正确。人生在世，有很多的人和事我们根本无法完全了解，“自知”也非常不易。一个人要想去了解别人，首先应该对自己有一个正确的认知；反之，他如果连自己都不能正确地认识，又怎么能正确地了解他人呢？

位卑而言高，罪也

在《孟子·万章》中，孟子问孔子：“为贫者，辞尊居卑，辞富居贫，恶乎宜乎？”孔子曰：“位卑而言高，罪也；立乎人之本朝，而道不行，耻也。”这段对话的意思是，由于家境穷困做了官，就应该做小官、拿少钱，而不是做大官、拿多钱。那么到底做什么比较好呢？孔子答道：“对于地位低下的人来说，讨论朝廷大事是一种罪过；对于在朝廷做官的人来说，无法达成自己的理想是一种耻辱。”对自己应有一个正确的认知：有多高地位，说多高的话；有多少能力，做多大的事。

一间公司准备启动一个年度大项目，在开始之前，首先要企划部先做出基本的项目策划案。因为这个项目的规模和内容与之前做的有很大的不同，所以尽管部门主管抛出了诱人的奖励条件，但一时间也并没有人主动揽下这个工作。这时，一个在公司里待了将近 10 年的老员工，觉得自己风光的机会来了。于是，他向主管毛遂自荐，主动要求负责这个项目，并承诺一定会很好地完成。由于公司没人愿意接手，他又一直争取和保证，最终主管同意由他来负责。

消息一出，部门里的人都不看好他。因为他虽然在公司里待了很久，但是工作能力和质量并不高。往常，负责人把任务分配好之后，他也是只关注自己的那一部分，很难和别人很好地合作，互相帮助、学习，对其他人的工作也完全不了解。有人好心给了他一些提醒，也被他给拒绝了，所以大家都认为他无法顺利完成这个任务。

果不其然，他在第一步分配任务时就遇到了麻烦，根本不知道该怎么分配，也不知道每个人所擅长的部分。他好不容易手忙脚乱地分配完了，结果收上来的策划案却完全不符合主管的要求，他也终于意识到自己能力不够，主动请辞，让主管重新找人负责。

《论语·泰伯》中说“不在其位，不谋其政”，这和南怀瑾先生的观点如出一辙。在南怀瑾先生看来：“年轻人，首先要知道自己的能力，然后踏踏实实地去做，在什么样的位子做什么样的事、说什么样的话，才是对的。”若是连自己到底有多大能力都不知道，难成大事不说，甚至会铸成大错。

先存诸己，再存诸人

中国传统文化教导我们，自己好的时候，也要帮助别人好起来。南先生说“先存诸己而后存诸人”是孔子要求青年人做到的一种修养。现在的青年人非常有勇气，总喜欢去帮别人“站”起来，而无视自己还趴在地上的事实。真正的让自己先站起来，再帮别人站起来的人非常少。所以，先让自己“站”起来是非常重要的。

几十年来，为了不让自己落伍，南怀瑾先生经常和年轻的学生相处，学习年轻人的经验。在这期间，也有很多学生向他抱怨对现实不满，无法实现自己的一腔抱负。每当这时，他都会告诫学生们应先对自己有一个正确的认识。

而在与学生的交往中，南怀瑾先生却觉得年轻人很少可以追上他们这些前辈。因为他们学到了年轻人的经验和知识，对方却没学到自己的经验。究其原因，还是那些年轻人没有“站”起来，自身的知识和能力储备不足，自然就会落后于前辈们。所以，年轻人一定要“存诸己”，不要自视过高。

无论是工作还是学习，对自己有一个正确的认知都是非常重要的。想要帮助别人固然是一件好事，但是在此之前，得先让自己真正在社会上立足，这样才能真正帮到他人；否则，你的帮忙也只不过是帮“倒忙”。生活中有很多的纷纷扰扰，我们无法避免它，却能够在不断的自我认识中，一点点地去化解它、接受它。

凡夫重利，圣人重义

与君子谈事情，他们只问道德上该不该做；跟小人谈事情，他只是想到有没有利可图。

——南怀瑾

《论语·里仁》中，子曰：“君子喻于义，小人喻于利。”这讲的是，君子做事看重道义，而小人却看重的是利益。但是，有些人却对此有误解，认为儒家只重视道义，不能有自己私人的利益。这是因为他们忽视了孔子后面的话：“富与贵，是人之所欲，不以其道得之，不处也。贫与贱，是人之所恶也，不以其道得之，不去也。”这句话是说，想要得到金钱和地位是每个人的愿望，但是得到它们的方法如果不合乎道德规范，就不能接受；讨厌贫穷和地位低下也是每个人的想法，但是得到它们的方法如果不合乎道德规范，就要丢弃。孔子的这番话说明了人的普遍需求是正常的，应该被认同。在“道”的前提下追求金钱和地位，也就是“利”，是可以被接受的。

南怀瑾先生在《论语别裁》中说道，至汉唐后，私与无私的区别已经混淆进了儒家的“义”、“利”之辩中，导致许多人对于“义”、“利”之辩产生一些误解。孔子的这个观点是无法适用于当代社会的，因为如今的社会都是利益先行，其他的都要为之让步。即便如此，不同的人对于“义”和“利”也有不同的追求，究竟该如何处理，还是在于个人。

先义后利以得长远发展

孟子说:“鱼，我所欲也，熊掌，亦我所欲也，二者不可得兼，舍鱼而取熊掌者也。生，我所欲也，义，亦我所欲也，二者不可得兼，舍生而取义也。”“鱼”和“生”对应的是“利”，“熊掌”对应的是“义”，当两者产生矛盾时,“义”和“利”不可同得,只能选择“义”,放弃“利”。孟子虽主张先义后利，却不是只重义而不重利。在孟子看来，义和利是一样重要的，这两者讲的是“大利”与“小利”的问题，而非一些迂腐的儒生所争论的公和私的问题。假如只在乎利而不顾义，就算是真的获得了利也守不住，这就是小利；反之，假若先在乎义而后顾利，则可以得到长远的发展，这正是大利。这就如同忠和孝两者的地位一样，关键在于二者应有主从、先后之分。

梁惠王是一个典型的先利后义的人，做事不怎么讲规矩。那个时候实行的是周天子的分封制，王、侯的分封爵位要世代相传，不可乱改。而梁惠王却自封为王，并在迁都大梁后改为梁惠王。由此可见，梁惠王做事确实不讲规矩。

梁惠王的爷爷魏文侯生前颇有一番作为，父亲魏武侯也曾和韩、赵两国合作，灭掉晋国的智伯，分割了其土地。梁惠王也想像先辈一样有一番作为，曾经重用孙膑扩大武力，最后却并没有得到预期的结果。有一次大臣公叔痤病重，梁惠王去看望他。公叔痤向他推荐自己的门客商鞅，告诉他此人是个不可多得的人才，并让他重用商鞅，接受他的建议。梁惠王却觉得公叔痤是病糊涂了，才会让他重用一个卫国来的人，一次都不肯召见商鞅。之后，商鞅在秦国被重用，实行了“商鞅变法”，并说服秦孝公攻打魏国，逼得梁惠王不得不割地求和。

先利后义虽然能够比较现实地获得利益，却会影响其长远的发展。生活中，在面对“利”与“义”之选时，如果能够做到先义后利，必然能够带来更多的好处。

透过义字看大利

关于“义”这个字，许多人往往将它神秘化，事实上它却很简单。孟子说：义者，宜也。他的意思是指要按道理和方法做事。这就好像做生意一样，起初你要找到市场需求，然后寻找便宜的货源，之后才能考虑投放市场挣钱。如果只是抱着投机的心理去做生意，什么准备都没有，到最后只会落得亏本的下场。孟子所讲的“义”和“利”关键不在是否符合道德要求上，而主要是在智慧上面。能够透过义字看到大利的人，都是真正有智慧的人。

王锦宏是江苏盐城一家船用配件公司的董事长。2004 年一天的上午，就在他要去往上海签订一笔价值 100 多万的船用配件合同时，公司打电话告诉他工人刘立平在车间里晕倒了，鼻腔内大出血。王锦宏当即丢下签合同的事，直奔医院的重症监护室。在被告知刘立平的情况非常危险时，他又立刻将其转到了苏州大学附属医院，终于将昏迷 10 个小时之久的刘立平抢救了回来。当王锦宏想起给合作方打电话时，对方却告诉他由于他的爽约，订单已经交给别人来做了。

之后，刘立平被检查出来是急性淋巴细胞白血病，骨髓移植手术需要花费 30 多万，但那时公司账上也仅有 10 多万，如果将它用于手术，那么公司将面临严重的财务困难。王锦宏深知公司能有现在的规模靠的都是刘立平这些工人辛苦工作得来的，所以他坚决地将公司账上的 10 多万打给了医院，又将自己的车放到银行抵押得到 10 万元贷款，还将库存的船用配件低价卖了 8 万元，终于凑够了医疗费。但是，公司却无法再生产了。其他员工知道这事后，主动集资了 32 万交给公司，公司才得以重新运转。之前差点签了合同的公司也回过头来，与王锦宏签了 300 万的订单。王锦宏也终于通过自己对工人的“义”获得了大“利”。

“义”不仅是一种道德上的约束，更能体现一个人的智慧。有了“义”作为前提，大“利”也会唾手可得。

滔滔浊世，特立独行

特立独行，不曲学阿世。

——南怀瑾

孟子是历史上一个典型的特立独行的人。我们知道，“仁”是孔子的思想体系中很重要的部分，而继承这一思想的孟子将其发展为“仁政”学说，即“民为贵，社稷次之，君为轻”。在春秋战国时代，孟子的“民贵君轻”思想可谓惊世骇俗的理论，是对统治者权利和地位的挑战，因而不受君王的重视，但是孟子依旧坚持自己的“仁政”学说，四方游说，宣扬自己的思想。

南怀瑾先生曾经评价孟子是在滔滔浊世中特立独行的存在，并说到“在那样现实的时代环境中，孟子始终为人伦正义、为传统文化的道德政治奔走呼号，绝对不受时代环境的影响而有丝毫转变”。特立独行不是指搞特殊化，成为一个“奇葩”，而是要有高洁的志向，不与世俗同流合污。这是一份哪怕“世人皆醉我独醒”的洒脱。社会太复杂，人心太混乱，在一个浑浊的环境里，保持自我，才是真正的人格所在。

独立自由的精神境界

世界上的万事万物都是独立的，只是处于社会中，免不了会受到一些束缚，而无法保持独立自由的状态。所谓自由独立，就是不受外在形式的约束，有自己的思想和坚持。即便你的行为与整个社会的主流背道而驰，即便所有人都反对，没有人认同你的做法，也要坚持自己的想法。

魏晋诗人、“竹林七贤”之一的阮籍就是一个特立独行、有着独立自由精神境界的人。那时，尽管孝的方式和名目很累赘，孩子对父母的真正感情和尽孝也没有多大关系，但“孝”依旧是礼教中地位很重的一项。父母去世时，礼仪既繁多又复杂，需要服丧3年、吃素3年、戒欢3年、守墓3年。心里真正愿意这么做的人没多少，却因礼教的束缚而不得不虚假地遵守着，使得活人和死人都不好受。

阮籍母亲过世的那天，他正巧在与人下围棋。听到消息时，下棋之人决定停下来，但阮籍面色铁青地不肯停下，一定要与之分个输赢出来。待二人下完棋后，在旁人惊恐的眼神中，阮籍要过酒杯，喝了一些后一边大哭出声，一边口吐鲜血。到他的母亲下葬之日，阮籍在吃肉喝酒之后才和母亲的遗体告别。这个时候，阮籍已经因过度悲伤而消瘦得非常厉害，见到母亲遗体，不禁又痛哭起来，吐了大量的血，差点就要死了。

“非汤武而薄周礼，越名教而任自然”的阮籍对母亲之死的悲伤之感无人能及，却又不拘于礼法，并未吃素3年。比起孝礼的层层外在形式，阮籍更加注重于对母亲感情的真实表露，其行孝的方式与他的其他作为一样，真实且自在。

南怀瑾先生的一生也活得颇独立自由，充满自己的个性。文人有文人的秉性和追求，真正的文人一生都在追求自己的独立人格和独立价值，即使探索路上充满孤独和寂寞，甚至会遭到别人的嘲讽和蔑视，但是能在这滔滔浊世中成为一股独特存在的清流，也是值得的。

保持天真野趣的本色

南怀瑾先生经常告诉人们，“只有守住自己的本来面目，让自己的个性在岁月中自然流露，无论为文、为诗、为画，都是一种天然野趣，这样的话才能展示出一个人生命独特的珍贵魅力”。对于自己的学生，南怀瑾先生也曾经告诫:“一个可以将自己的本色保持住，同时又能将自身的天然个性和天真野趣发挥出来的人，活得会比其他人自在、快活得多。天真野趣也就是顺应自己的本心以及自然的恩赐，待到本心成长为优势时，也就能在自己的领域有所成就了。”

自古以来，莲花都被用来象征君子洁身自爱、保持天然本性的特征，因为它从污泥中长出来，身上却没有沾染到一丝的污秽之物，经过清水的洗涤，却依旧清冽自然，不显得妖媚。荷梗的内部一通到底，外形也挺直不弯，没有生出一根旁枝末节。它站得笔直，白得洁净，淡淡的香气随风散播至四面八方。不同于牡丹的富贵和菊花的隐逸，莲花自始至终保持着自己的本性，从生至死都是高洁的。

人们常说“冷暖自知”，就是说有很多事都是需要自己来体悟的，不同的心性会得到不同的结果，所以外人无法对之进行干涉，也无法将自己的体悟强加至别人身上，只能适当地提醒一下。在南怀瑾先生看来，人们的所有行为都是受内心指挥的，换言之，一个人有什么样的心性，就会有什么样的行为。能够保持住自己天真野趣的本色是尤其重要的。每个人生来就像一张白纸，没有受到外界的任何污染，是纯真自然的。尽管后来白纸上会染上很多的颜色，但是将最初的那些具有天真野趣的本色保持住，给我们的人生留一片白净，会使我们活得更加充满“色彩”。

所谓大勇，能定天下

唯一怒而“安”天下者方为大勇。

——南怀瑾

在《孟子旁通》中，南怀瑾先生曾经提到过齐宣王向孟子问政的故事。齐宣王问孟子有没有什么好的办法来与邻国建交。孟子非常肯定地告诉齐宣王有两种：一是“以小事大”，如同当初越王勾践被灭国后卧薪尝胆一般，这是“畏天”；另一种则是“以大事小”，自身强大就不要去欺负弱小的国家，像商汤不欺葛国一样，这是“乐天”。但是，齐宣王却不以为然，觉得国家强大，权力在手就是力量，勇武即可成事。故而，孟子不得不劝说齐宣王定天下之法只有大勇。

在南怀瑾先生看来，一个人要有大的胸怀和格局才能成大事，不能过于局限在小事上。匹夫之勇虽能得一时之快，却无法成就大事。大勇是一种君子之勇，面对坎坷艰难，毫不畏惧，为正义而奋斗，为天下安定而努力，这才是真正的大勇。

真正的高人会进也会退

围棋高手皆知的《棋经十三篇》有云：“善胜者不争，善阵者不战，善战者不败，善败者终胜。”这里所讲的不仅是博弈之道，更是一种人生智慧与哲理。南怀瑾先生更是深谙这种人生哲学，他有一句名言便是“真正的高人，会进也会退”。南环瑾先生认为：世事百态，进退无常，有时候“进”需要的是勇气，而有些时候“退”又何尝不需要更大的勇气呢？纵观历史，真正能安邦兴国、平定天下的，更多的是那些善于把握“退”的学问的人。

何谓高人？据说，左宗棠很喜欢下围棋，而且造诣很高，是个中高手，其属僚皆非其对手。有一次，左宗棠微服出巡，看见有一茅舍，横梁上挂着匾额“天下第一棋手”。左宗棠心中不服，入舍与茅舍主人连弈三盘。主人三盘皆输，左宗棠笑道：“你可以将此匾额卸下了！”随后，左宗棠自信满满，兴高采烈地走了。没过多久，左宗棠班师回朝又路过此处，又好奇地找到这间茅舍，赫然见“天下第一棋手”之匾额并未拆下。左宗棠又入内，与主人再下了三盘。谁知，这次左宗棠三盘皆输。左宗棠大感惊讶，问茅舍主人何故？主人答：“上次，您有任务在身，要率兵打仗，您是为国为民而战。而为将者，锐气很重要，我不能为了维护我的‘天下第一棋手’的虚名置国家与百姓的命运而不顾，一时快意挫了您的锐气。现今您已得胜归来，意气风发，我自然也就全力以赴，当仁不让了。”

世间真正的高手，是能胜而不一定要胜，有谦让别人的胸襟；能赢而不一定赢，要有善解人意的意愿。人要有大局观念，不以个人一时的快意而随心所欲地去胜、去赢。因为世间的事情是复杂的，有时候看似赢了，实际上却输了，而且输得一塌糊涂，满盘全输；而有时候看似输了，实际上却赢了，赢得彻彻底底、全盘皆胜。

忍辱也是一种大勇

有位记者曾问一名即将参加战斗的士兵：“你怕吗？你怕死吗？”士兵沉默了，说：“真话就是：我怕，我怕死，怕以后再不能见到亲人，但是怕也得去做。”没有人会否认这位士兵是勇敢的。面对未知的局面，面对生死的抉择，只要是有所牵挂之人，就必定会有所畏惧，那些浑身是胆的英雄毕竟是少数，大多数人都会怕，但是怕并不可耻，怕却仍然去做，这就是勇。

汉高祖刘邦死后，汉朝局势并不乐观：国内，群龙无首，人心不稳，觊觎皇位之人蠢蠢欲动；边外，匈奴正值强盛，不停地骚扰边境，侵犯内地之心昭然若揭。可谓是内有大忧，外有强患。此时匈奴大单于写信给吕后，大意为：“我现在乃是一个寂寞的君王，生活在北方的草原上。我所擅长的是骑马打仗，我的麾下拥有控弦猛士三十万。我现在来到边境，很想深入汉家腹地一游。听说你的丈夫不久前死去，想必你空闺难耐，我们两人各为孤男寡女，都不快乐。你何不给我做个情人？以双方各之所有交换彼此之所无，岂不乐哉？”吕后回信道：“单于不忘我们这个小地方，赐下信件，我们举国上下，莫不诚惶诚恐！单于雄伟，正在盛年，老妾本应亲身前往侍奉，可惜年逾七十，色衰神弱，发齿尽脱，行步蹒跚，见单于岂不羞惭。谨献上后宫美女三十名，锦帛十万匹，御用精米八十斛，精酿宫酒百石，敬请大单于笑纳。”

汉武帝刘彻继位之初，年纪尚幼，有一次从老师那里了解到这封信件。当时刘彻怒发冲冠，立下誓言，势必将匈奴斩草除根，以雪前辱。试想当时的情景：一个国家的帝王，九五之尊在了解到有人对他的先辈如此侮辱，有何等感想？年轻的刘彻有如此反应也在情理之中。但是他的老师却平静地说：“你这样会让你的祖先失望的，也辜负了他们当时的苦心。越王勾践‘卧薪尝胆’，后来终于‘三千越甲可吞吴’。你积极向上，我相信你会成为一个好君王，但你的缺点就是太急躁，这对你很不利。”汉武帝从继位到亲政中间经历了十年时间，受尽祖母的限制，受尽朝臣的牵绊，受尽“黄老无为思想”的束缚，还经历了几次险些成功的政变。这十年时间他空怀满腔的抱负，只能在上林苑中读书、打猎。然而，这十年却让他有了很深的积累和沉淀。终于，刘彻在国内政治、经济等方面的改革完成，在国内的不安定因素彻底解决，在国库用来穿铜钱的牛皮都已经腐破后，决定放手一搏，一雪前耻。汉朝大将卫青、霍去病几次重创匈奴，霍去病更是将匈奴向北打退一千多里，封狼居胥。

忍辱是一种态度，是一种真正的勇气，也就是大勇。而那种一旦受辱，便不管不顾，头脑发热，即刻发作的人则是不成熟的，那不叫勇敢，历史早已给这类人下了定义：莽夫。儒家讲究修身、齐家、治国、平天下，能“平天下”者，也必定是忍辱大勇者。

先安身，后立命

人活着要先找到安身的道理，然后心才有所安，心安必有所立。

——南怀瑾

“安身立命”是儒家的一种经典学理。《论语》中，孔子提到“安”是丧礼中守丧三年的原因之一，为亲人守丧能够安顿人的情感和精神。《论语·学而》写道：曾子曰：吾日三省吾身：为人谋而不忠乎？……这里的“身”指的就是我们的行为举止。《为政》中，孔子曰：三十而立。“立”的意思是将人生的价值取向确立起来。在《尧曰》中，孔子又说“不知命，无以君子也”。君子的使命感就是个“命”的所指。

南怀瑾先生认为，人的一生不仅仅是“生存”，更重要的是“生活”，即如何让自己在有限的生命中实现人生的价值，从而活得更加快乐、更加有意义。生命中，我们要面对的事情太多太繁杂，很容易在慌乱中失去自我，进而稀里糊涂地过完一生。所以，人生在世，首先要能够找到自己的精神依托和规范行为的准则，之后再去完成那些使命和责任。

君子和而不同，小人同而不和

对于古代君子的品行，南怀瑾先生也是非常推崇和喜爱的。君子之交淡如水，却让许多人一生追求。对于君子而言，安身立命是他们用来要求自己的准则之一，虽然他们和身边的人关系都很友好融洽，但是依旧有自己的坚守和独立不移的中心思想。他们不会为了迎合别人而去做一些违心的事，说一些违心的话，凡事都有自己独到的见解；即便身处乱流之中，也不会随波逐流，更不会同流合污。反之，小人为了能融入周围的人，常常是人云亦云，说话做事毫无自己的主张和见解，最后反而被周围的人隔离在外。

美国西部开发的早期形成了淘金热，吸引了各地区的人们前往那里淘金，希望能捞一大笔钱。在那些想要借此发财的人当中，有一个叫史密斯的人却与众不同，他并没有和那些人一样跑去淘金子，而是选择卖水给那些淘金者。最终，大部分的淘金者什么都没有淘到，而史密斯却因此挣了一大笔钱，一跃成为富翁。在别人都投身于狂热的淘金潮流时，史密斯也紧随着潮流，但是在这股浪潮中，他做出和别人不同的选择，那些人都没有他那么聪明，自然也就不可能像他一样成为富翁。

南怀瑾先生经常告诫学生们要包容彼此之间的差异，在各种不同中学会和谐相处，强行地要求众人一致，不仅不会得到预期的目标，反而会适得其反。就像一首美妙动听的曲子一般，如果单单只靠一种乐器来演奏，那听起来可能就会枯燥乏味，但如果加进了其他乐器的声音，在相互配合中，美妙的曲子就会随之产生。生活中，“和而不同”的生活方式会给我们带来许多的方便和和谐，就像人分男女一样，“和”中“不同”也是一门艺术。

确定目标，勇敢追寻

人的一生是非常短暂的，每个人能做的事说多也多、说少也少。有些人的一生充满了挑战，过得很有意义；有些人却嫌人生漫长，无所事事。其实，这是由一个人是否能实现自己人生价值来决定的。确定下来一个长远的目标，并为之付出自己一生的努力去追寻和实现它，尽力让自己的人生变得更加有价值。

在学生时期，著名的生物学家童第周就为自己定下了宏大的学习目标——中国人不是笨人，应该拿出东西来，为我们民族争光。后来，他去了比利时学习实验胚胎学。当时，和他同宿舍的还有一个学习经济学的俄国人。但是，那个俄国人非常蔑视中国，还讽刺他是“东亚病夫”。听了这话的童第周很生气，警告他说：“我的祖国，不允许你随意侮辱。既然你瞧不起我们中国人，那我们来比一场赛，我们各自代表自己的祖国，我从明天开始和你一起研究经济学，看看到底谁可以先获得学位。”看到如此自信的童第周，那个人吓得不敢接受挑战，只得尴尬地走开了。

4 年之后，童第周获得了博士学位，成绩相当优秀。哪怕是当时许多外国人还无法在显微镜下做的精细手术，童第周都可以做得很好，整个欧洲乃至世界的生物界都对他充满了赞叹和关注。

著名的教育家徐特立说过，一个有了远大理想的人，无论他遇到多大的苦难，他也是幸福的。确定一个目标就像是为自己在远方树立了一座灯塔，远远地为自己指路，给自己希望。《圣经》里有段话是这样说的：去追求吧，这样做了就能有所获。去探索吧，这样做了就能有所发现。凡追求者得，凡探索者获。只要行动起来，努力去做了，就一定会有所回报。人的身上隐藏着无限的潜能，你的目标也会引导你不断地冲破艰难险阻，朝着目标不断前进。

圣人常明，知不可为而为之

圣人胸怀，对于社会国家，是“明知其不可为而为之”，虽然知道挽救不了，可是他硬要挽救，做了多少算多少。

——南怀瑾

在《论语·宪问》中，子露宿于石门，晨门曰：“奚自？”子路曰：“自孔氏。”曰：“是知其不可为而为之者与？”这个故事讲的是，子路晚上在石门住的时候，看门人问他来自哪里，子路回答说是孔子门下，看门人就问是不是那个明明知道做不到却还做的孔子？由此可见，当时孔子经常是“知其不可为而为之”，就好像虽然清楚救不活这个人，依旧尽全力救治他，能救一点是一点。在儒家思想里，“知其不可为而为之”是其精髓所在，同时也鼓舞了很多人渡过一些人生的难关。

在南怀瑾先生看来，“知其不可为而为之”不仅仅是一种处世哲学，更是一种生活的艺术。很多事情都是看起来做不到的，有的人望而却步，有的人却会想着再去拼一拼，一步步突破困难向前迈去。这种情况下，人们为的已经不再是目的和结果了，而只是自己努力的过程。遇到困难的时候，不要着急放弃，加把劲冲一冲，看看自己到底能做到什么程度，因为结果并没有那么重要。

在可行范围内尽力而为

孔子作为圣人，在“为之”的时候知道它完全“不可为”吗？答案当然是否定的。如果孔子早知一件事是绝对不可能做到的，圣明如他又怎会做徒劳无功的事呢。因此，孔子的“知其不可为而为之”是指在有可行余地下的“为之”，虽然看起来不可能做到，但是不能过早放弃，应要发挥能动性创造更多的可能。

孟子曾经带着自己的学生在各诸侯国游历，以便推行自己的“仁政”思想。可是，在当时那个只讲霸权的时期，他的“仁政”主张自然不会得到重视。虽然这样，孟子依旧坚持着自己的主张，为了宣传“仁政”学说不惜花费所有的精力。

一次，孟子去见梁惠王，梁惠王直接问孟子可以给他带来什么利益。孟子答道：“王何必曰利？亦有仁义而已矣。”孟子不和梁惠王谈利益，而是直接说出“仁义”这一点。但是梁惠王此时刚打了两场败仗，对孟子所讲的“仁义”根本听不进去。可战败于齐国时，不仅大将庞涓被杀，太子申还被掳走；战败于秦国时，既失去了小儿子，还将河西之地割让给对方，迁都至大梁。因此，梁惠王急需名士来为自己出谋划策、带兵打仗。孟子深知梁惠王当时的处境，却依旧告诫他要讲“仁义”，唯有国君讲“仁义”，不重利，手下的官员和百姓才会讲“仁义”，这才是国家发展的长久之道。梁惠王虽然理解，可“仁义”毕竟不能解决近急，“是不为也，非不能也”，所以他依然无法采纳孟子的言论。在那个混乱的时代，孟子却一心想找到一个愿意实施“仁政”的国君，也是一种“明知不可为而为之”的做法。尽管他的主张没有被采纳，“仁政”学说却已广为传播。

南怀瑾先生的一生也是如此，在知道有“可行”的范围里，不断地拼尽自己的全力去做得更多、做得更好。荀子说过：“不登高山，不知山之高也；不临深溪，不知地之厚也。”无论所做的事有多么困难，只要有“可行”的余地，努力去做，就一定会有所得。

极高明而道中庸

《论语》有云：邦有道，不废；邦无道，免于刑戮。这句话的意思是，治国有道时，能够做官；治国无道时，也要使民众不受刑戮。但是要做到这样，就需要把握一个“度”的问题。这正应了那句“极高明，而道中庸”。中庸即是绝对的公平公正和适度的原则，还有量力而行。“知其不可为而为之”固然很重要，但却不能超出人的承受范围。“为之”的过程中，一旦超出自己能力范围，就会适得其反。

珠穆朗玛峰被称为世界第一高峰，海拔高度达 8844.43 米，每年去往西藏想要登顶珠峰的人不计其数，但是实际成功的人却并不多，因为登珠峰对一个人的身体素质要求很高。很多人在去之前也做了足够的体能训练，但是随着海拔的增高，珠峰的天气情况也越来越恶劣，导致氧气和身体温度消耗严重，人们根本无法继续前行。没有成功登顶珠峰的人大部分都是被天气给阻挡下来的，而冒着危险继续前行的人，却有可能因此丢了自己的性命。

1924 年，由弗·诺顿队长带领的英国第三支珠峰登山队从中国境内的珠峰北坡登山。他们到达海拔 8572 米附近，也就是“第二台阶”下边时，因氧气缺乏而不得不放弃登顶，但是马洛里和阿宾两位队员选择了继续登顶，最终他们没能返回。

“知其不可为而为之”固然值得提倡，但依旧要把握一个度，要在可承受的范围内“为之”，量力而行。如果明明知道继续“为之”的结果是不好的，那不如在适合的时机和地方放弃，这样才是真正高明的做法。

月盈则亏，把握分寸

交朋友应注意分寸，有些人可以做朋友，有些人却不能。

——南怀瑾

《论语别裁》里，南怀瑾先生提到，无论是做人还是做事，都应该注意把握分寸，并举出了汉光武帝和严子陵的故事。严子陵是汉光武帝刘秀小时候的同学兼好友，刘秀当上皇帝后，命人全国寻找严子陵，后者却隐藏了起来，以躲避做官。后来有人在浙江桐庐县富春江上发现了他，又将消息传到了汉光武帝那里，汉光武帝还是把他接到了京里，再次给予他官职，严子陵还是拒绝了。后来两人像当初的同学好友一般喝酒聊天，这段友谊被后人广为传颂。如若当时严子陵做了汉光武帝的官，他们的友谊是否还能这么牢固，那就很难说了。由此可见，朋友相处，把握分寸是非常重要的。

关于把握分寸这一点，南怀瑾先生认为这是为人处世中的一门大学问。从古至今，“分寸”两个字始终依附在任何事上。懂得把握分寸的人，知道什么时候该做什么事、该说什么话、该前进亦或是后退，那么他的人生路就像是找到了捷径一般，一定能走得非常顺利。一旦将人生的分寸把握住了，一个人的命运也就掌握在了自己手中。

适可而止，恰如其分

南怀瑾先生常说，见什么人要说什么话，而且每句话都要留三分，不可说得太绝对，否则就容易造成错误。在生活中，很多人都把口无遮拦当做性格直率，说话的时候容易伤害到其他人。长此以往，两个人就容易心生嫌隙，从而产生隔阂，这非常不利于人和人之间的交往。西方有句谚语是这么说的：上帝给了我们一张嘴、两只耳朵的原因就是要少说话、多听话。这也是提醒人们说话要注意分寸。

从前，有一个说话完全没有分寸的农户，他每天最大的爱好就是对村里每个人的穿着打扮，以及村里发生的一些大小事情评头论足。今天村东头的姑娘穿了新衣服，他看见了就会一番数落，“你看你皮肤本来就黑，还穿这么亮的红色，显得你的脸更黑了”。小姑娘气得立刻跑回家脱下衣服，再也没穿过。明天村西头的小伙子新剪了头发，被他撞见后，又是一番评论，“你的脸是方形的，不适合剪这种板寸，看起来像汉奸一样”。原本小伙子剪完头发是要见对象的，结果被他这么一说，完全没了心情，悻悻地回地里干活了。一开始，大家对他的行为还是见怪不怪，毕竟他也没做什么太过分的事。可是时间长了，大家心里也不好受，慢慢就开始疏远他了。一直到他发现村里的人都不和他说话了，还没有意识到是自己说话没有分寸所致。

后来没办法，他只得找邻村一个人缘特别好的人去求教。那个人告诉他，说话的时候要把握好分寸，要恰如其分，像第一种情况，你应该说：“因为你的肤色不是很白，所以这样的颜色并不适合你，你可以试一下稍微暗一点的红色，这样会更好看。”同样的意思，换一种说法，就能让人更容易接受，还不会造成不必要的矛盾。

南怀瑾先生在生活中也很注重说话的分寸，讲话总会留有一些余地，他说：“逞一时的口舌之快只会带来一时的快感，快感过后，剩下的就只有伤人的难堪。”所以，说话时懂得把握分寸，懂得适可而止，会让你的生活避免很多不必要的麻烦，也会为你带来更好的人际关系。

善待他人，不逾底线

子曰："可与共学，未可与适道。可与适道，未可与立。可与立，未可与权。"有些人可以做同学，但你们不一定是一路人；你们可能是一路人，但不一定能一起创业；你们或许能一起创业，但不一定能共同掌权。在与他人相交的时候，要把握住一个度：在这个度以内，你们会是很好的朋友；但如果过了这个度，逾越了对方的底线，就可能会造成很严重的后果。

王安石和赞元禅师情同兄弟，前者在朝做宰相，后者剃度出家当了和尚。在寺庙里，赞元禅师每个月都会收到王安石寄过来的书信，却从来没有打开看过。后来有一天，王安石向赞元禅师询问自己是否可以学道，禅师答道："你能学道的条件仅有一个，阻碍你学道的条件却有三个。这一世，你是学不了道了，等下辈子再说吧！"生气的王安石让赞元禅师给他解释原因，对方说道："你不仅脾气大，还容易发火，对于成败必须要有确定的把握才会稍显平静，这样的你，学不了道。"正如上述两人的相处，虽为朋友，却不可一同入道，朋友相处的分寸正在于此。

南怀瑾先生一生，对待他人都非常有分寸，该说的时候尽可能多说，不该说的时候绝不多言，了解对方的底线，并且能够守住不逾越，故而他的朋友很多，人生也多了许多的乐趣。对他人以善相待也是对自己的一种善待。把握分寸并不难做到，把握住那个度，对于生活中的交往会有一些意料之外的好处。

藏器于身，待机而动

时代属于我时，明哲保身；时代不属于我时，当然也不可坐而不动。

——南怀瑾

在当今时代，每一个人都期待自己能够获得成功，成就一番事业。但是我们要如何去做呢？在《易经系传别讲》中，南怀瑾先生也谈到了这样的问题。

《易经》解卦上六爻的爻辞是这样的，“易曰：公用射隼于高墉之上，获之，无不利。子曰：隼者，禽也；弓矢者，器也；射之者，人也。君子藏器于身，待时而动，何不利之有？动而不括，是以出而有获，语成器而动者也”。孔子是这样解释的，有弓还有箭，人拿着弓箭，位置也站得很好，这样的箭射出去肯定能够命中。南怀瑾先生说一个人要有目标、有计划、有准备，站的位置要好，时机也一定要对。但是做任何事情首先要有一个资本，也就是做任何事情都要有基础，做生意要有本钱，打仗要有军队，就像做饭要有米，跑步要有脚一样，这些都是做事情的前提条件。所以做事情之前一定要先准备好资本，这样才能有胜算的把握，才能在机会来临的时候把握好。

要有自己的本事

何为“藏器于身”？南怀瑾先生说一个人要有自己的本事才能成功。

一个人有学问和能力就是所谓的“藏器于身”，而且绝对不能靠别人，如果你在做事的时候找别人帮你做，就注定已经失败了，即使你成功了，也只能算胜之不武，因为这不是你自己完成的。所以，一个人要有能力，表露不表露出来并不是最重要的，有器可以不用，但不能无器。

南怀瑾说一个要做领袖的人一定是一个全能的人，你不会的我都会才能成为一个领袖。当一个领袖，虽然并不需要把所有的事情全部都做完，但是不做并不代表不会。

唐朝贞观年间，政治清明，文化兴盛，思想解放，疆域辽阔，民族和睦，各国纷至沓来，唐太宗还被尊为天可汗，成为天下的共主。那么为什么唐朝能够这么发达呢？主要是唐太宗这个领袖做得好，做一个好领袖并不容易。论治理国家，唐太宗做得很好；论打仗，唐太宗的武功也很好；论书法，唐太宗的书法也是不差的；从诗歌来说，唐太宗的诗歌也很不错，否则也不会有唐朝诗歌前后无匹的地位。因为唐太宗这个人厉害，手下的大臣才会厉害，唐朝才会那么富强。对于唐太宗来说，“藏器于身”可能不会给他的统治带来多么明显的好处，但是长久之后，其隐性的优势就会慢慢显现出来。

能当上领袖的人必然是一个很有能力的人，这是很正常的事情。如果一个什么都不懂的人能够坐在领袖的位置上，那才是一件怪事。如果你希望自己成为一个领袖，那就要做一个全才，一定要“藏器于身”，让自己具备一定的能力。

学会待时而动

一个人没有本事肯定不会成功，但是有本事也不代表一定会成功，时机未到的时候还是不能成功的。南怀瑾先生说不属于一个人的东西，争亦无用，因为你争过来了，它也不会成为你的东西。这就跟人们打牌是一个道理，谁都有赢钱和输钱的可能，这样的概率是对等的。但是有先见之明的人能够猜到一张决定胜负的牌需要付出很大的代价，所以划不来的事情尽量不要去做。

三国时期生于乱世的诸葛孔明，智慧超群，算无遗漏，上通天文，下晓地理，精通军事；内能富国强兵，外能合纵连横；还善书法，长于音律，能于绘画，可谓全才。但是他在出山之前，一直在南阳躬耕，身怀才能但却能安于隐居乡间，直到刘备三顾茅庐才出山辅佐。这就是时机，如果他早一点出山去辅佐曹操或者孙权当然也是可以的，但是恐怕不会像跟随刘备一样成功。诸葛亮能够在隆中对策中说出“三分天下”的决策，说明他对天下大势看得很清楚，所以他也一定知道跟随曹操和孙权都不是自己的机遇。

当年刘邦和项羽二人争夺天下，两个人都想做皇帝，但是项羽没有抓住鸿门宴的机会杀掉刘邦，而是让刘邦逃过一劫。刘邦回到汉中等待时机，最后趁有人造反用韩信“明修栈道暗度陈仓”的计谋迅速占领了关中，为战争的胜利创造了条件。

所谓“动而不括”，指不动则已，动就要全面行动；“是以出而有获”，即任何事情不做则已，做了就一定要有成果。就是要抓住时机，一击致命。这就是诸葛亮能够成为三国时期名臣的原因，也是刘邦能够成为皇帝的原因。

一个人，首先要做一个“藏器于身”的人，让自己有本事，有好的条件，不要想着去依靠别人，然后静静等待时机，当机遇来临的时候一把抓住，这样就能无往不利了。古人讲“天时地利人和”不是没有道理的，时机到来之时，正是你表现的机会。

送往迎来，柔远人也

送往迎来，嘉善而矜不能，所以柔远人也。

——南怀瑾

所谓送往迎来，是说走的欢送，来的欢迎，形容人忙于交际应酬。对此，南怀瑾先生认为，人际交往方面的应酬固然需要技巧，但在国际外交方面更应该懂得礼貌。

南怀瑾先生曾说："送往迎来其实是很难的，大的外交，我经常感觉到，现在世界各国的专业外交官很多，像你们大学毕业考进外交系，或者最后考进外交官训练所，考完了派到外面做事。学识基础、风度教养不够，连衣服都不晓得穿，穿长袍怎么穿的？短褂怎么穿？穿时髦衣服怎么穿？连打扮都不晓得打扮，这个就很差了。职业外交官好手已经很难，大外交官就更难了。大外交官不一定靠送往迎来啊！天下大事，他就代表一个国家，到时候三言两语就给你解决了、否定了，乃至能够忍气；如果外交的时候受一切的气、忍一切的污辱而把任务达成，这是真正的外交官。"

送往迎来，国之道也

《孟子》中提出了政治外交观点："惟仁者为能以大事小，惟智者为能以小事大。以大事小者，乐天者也；以小事大者，畏天者也。乐天者保天下，畏天者保其国。"南怀瑾对此做出了理性的分析，解释了以大事小和以小事大的意思。一种是“以大事小”，这是仁者的风范。虽然自己的国土大、国力强，但是仍旧愿意配合领土比他小、国力比他弱的小国的政策。另一种“以小事大”，这是小国自保的策略，为了保持国家的强盛而屈从于强国，维护自己国家的尊严。

南怀瑾先生在《孟子旁通》中提到，以自己的大国地位去尊重小国，不愿意欺负比自己国家弱小的国家，就是顺应“天地生万物”的乐天主义。天地间的规律，不容许大国肆意而为。最后，孟子进一步说，凡具有效法天地的博爱精神，不以强欺弱的大国，一定会“天下归心”，可以保有天下；而弱小的国家，如果能够畏天道，服从强者的领导，不怀叛逆之心，那么就可能保住自己的国家。

夏朝的时候，汤国以亳为都城，地大人众，国力强盛，它的邻国葛在领土、人口、财力上都不及汤。汤虽有专事讨伐的特权，但对葛仍然平等相待，客气尊敬，绝对不因自己权势大而去欺凌力量弱小的葛国。因而，两国世代友好，百姓也能安居乐业。商朝末期，西方的犬戎人经常入侵接壤的周国。文王当时所统治的周国，文化经济都非常发达，地广民众，比犬戎强盛许多倍。可是文王为了行仁政，不愿意生灵涂炭、百姓受苦，竭力避免用军事手段解决问题，在诸侯国内赢得了很高的声誉，为后来周朝的建立打下了牢固的政治基础。这里说的就是“送往迎来”的技巧。

送往迎来，顺应发展

南怀瑾先生的观点在当代也很有意义，看看中国近几十年的政治外交史，我们可以从中得到很多启发。当初邓小平的韬光养晦政策，就是一种深谙送往迎来之道的策略。当时我们国力有限，在国际事务中没有实力和美国、苏联抗衡，所以当时我们一心搞建设。如果我们天天胸怀全世界，事事都去管，就很难积蓄力量，厚积薄发。在 30 多年的改革开放中，我们韬光养晦的策略很成功，我们一言不发，一投票就是弃权，蒙着头一心发展自己的经济。虽然我们在国际场面上很“窝囊”，但是达到了“畏天者保其国”的效果。

现在也有人说，既然“以小事大”政策这样好，那我们就继续这样干，永远不动摇不就行了。但是，这又进了另一个误区。随着国力的提高，我们的国家已从30年前的“小”变“大”了。所以，我们依据以大事小、以小事大的原则，需要调整外交政策了，要以大国的胸襟和姿态来看待国际争端问题。从“以小事大”保其国转到“以大事小”以保天下，是随着国际形势与自身的发展所做的必要的调整，这也是一种“送往迎来”之道。

送往迎来，人之道也

需要强调的是，外交是外交，普通做人的社交是社交，虽然这两者在细节上无法相提并论，但在技巧上却有异曲同工之处。然而在现实生活中，很多人其实都是不懂得社交的，要么太疏于礼貌，要么太恭敬，总之不论是属于这两者中的哪一个情况，都是很容易引起尴尬的。

有一个学生在写给南怀瑾先生的信封上将南怀瑾先生称为“南公怀瑾夫子大人老师”，对此南怀瑾先生笑言，一看好像送到殡仪馆一样的。礼貌恭敬是没错的，但把所有官衔都加上，就太过分了。后来南怀瑾先生提到这件事时说：“信封上的字是给邮差看的，不是给你看的，你叫南老师，邮差不一定叫老师啊！你说我写给自己的父亲，邮差不是叫你的父亲也叫父亲啊！信封这个东西是给邮差看的，不是给你看的。”

泱泱华夏，礼仪之邦，人与人之间的交往看似简单，却也不容易在每个方面都处理得很好，做到面面俱到。因此，在与人的交往中，我们要注意把握一定的技巧，以便于更好地处理与其他人的关系。

立身处世，气节为正

> 处世以立德为事业，执事以尽心为有功。
>
> ——南怀瑾

南怀瑾认为，气节是一个民族的灵魂，也是中国古代固有的道德标准，不仅关涉读书人和士人的立身处世之道，也是民族立国定基的精神所在。民国著名记者邵飘萍以“铁肩担道义，辣手著文章”为座右铭，而南怀瑾先生也说“处世以立德为事业，执事以尽心为有功”。读书人处世立德的责任感也正是儒家世代传承的气节精神。

德不足以亲近，文不足以亲远

南怀瑾先生在《孟子旁通》里指出，在春秋战国时期，各国诸侯之间霸业不断，都在培养人才，试图以人才建功立业，兴盛国力。因此，那时候的国与国之间、人与人之间互相倾轧，谁也不相信谁，就是因为道德衰落，气节沦丧，结果“德不足以亲近”。然而，那时诸侯国之间还保留着一些牵系，没有完全对立撕破脸，一些强国也并不是只看眼前利益，他们也有长远的打算。因此，“文不足以亲远。”

这样一来，战国时期诸侯争霸，在自己的侵略战争名头上，还要挂一个冠冕堂皇的理由，而“士”阶层往往为个人利益朝秦暮楚，各诸侯国成为他们游说谋利的战场。孟子认为当时国无气节、士无气节，诸国之间“断之以战伐为之者”，都是因为当时大部分的“士”不以气节为重，而是将“利”作为追求目标。

孟子提倡人应该有一股“浩然之气”，这里所谓的“气”，包含了勇士“斗志”的含义。孟子说“至大至刚”，说“养勇”，都是带有“浩然之气”的，具有正义感和战斗性。孟子认为，“浩然之气”是“集义所生”，“义”就是“有理”或“公道”，养成这种“浩然之气”，便会自然而然生出一种“君子气节”。

先秦时代，“气节”往往包含着礼义与和谐，成为一种做人处事的标准，也是君子的立身准则。《左传》里有“圣达节，次守节，下失节”的话，古代君子贤士注重礼乐，礼的精神是“节”，而乐的精神是“和”，君子的生活准则中有节也有和，也就是儒家的“中庸之道”。君子以气节为基础，成就了儒家的礼义道德。

孔子曾经有论断，天下之所以会“礼崩乐坏”，就是因为人们目光短浅，没有气节，无法坚守君子的立身准则，只重视物质利益，而忽略了“礼”和“义”，进而成为丧失“气节”之人。气节是抵挡利欲诱惑的武器，失去了这个武器，人就会变得为所欲为。孔子在《易经·坤卦》中说：“臣弑其君，子弑其父，非一朝一夕之故，其所由来者渐矣。”可见，当时的社会由于不讲礼义，无视气节，人心因贪婪而变得邪恶。

修养气节，然后治国平天下

孟子生活在战乱纷繁的时代，在大多数士人追名逐利的时候，他始终坚守着君子的“气节”，并呼召人们“舍生取义”。《孟子·告子上》说：“生，亦我所欲也，义，亦我所欲也。二者不可得兼，舍生而取义者也。”在利欲熏心的时代环境中，孟子为了人伦正义，为了传统道德政治，保有不受时代环境影响的气节，使得“君子气节”成为恒久不变的道理。

君子为何要保持气节，坚守这样的立身准则？儒家思想认为：君子修身齐家，然后治国平天下。没有气节就谈不上修身，也就不可能齐家治国，乃至平天下。

中国自古流传着一个关于气节的故事，就是“苏武牧羊”。

苏武是西汉人，公元前100年，匈奴新单于即位，汉朝皇帝为了表示友好祝贺，派苏武率领一百多人的使节团，带了礼物出使匈奴。没想到苏武被匈奴扣留，单于强迫他背叛汉朝，并派人向他游说，承诺给他高官厚禄，让他留在匈奴为臣。

苏武严词拒绝，单于一怒之下命人将他关进严冬冰寒的地窖里，断了他的水和粮食，以此来逼迫苏武屈服。苏武在地窖里受尽折磨，渴了就吃一把雪，饿了就咀嚼身上的羊皮袄。过了几天，单于见他仍然不肯屈服，只得把他放了。

单于敬重苏武的气节，既不忍心杀害他，又不愿意把他放回汉朝，于是将苏武流放到西伯利亚的荒芜之地去牧羊。19年的岁月匆匆过去，当年流放苏武的老单于死了，新单于为了与汉朝和好，将苏武放回汉朝，而此时他已经白发苍苍，身形佝偻，但他的“骨头”很硬，气节永不弯曲。

世人“修身”，就是为了提高自身的修养。一个人要饱读诗书、坚守高尚的道德，君子当有所为，也当有所不为。从某种方面来说，这是一个人踏入社会，赢得他人认可和尊重的必备条件，也是个人气节的突出表现。而有识之士不仅懂得独善其身，还要承担起家庭和社会的责任。古代知识分子立身准则的最终目标是治国，只有修养气节，才能发挥出治国才能。

正所谓“身修而后家齐，家齐而后国治，国治而后天下平”，君子的气节就体现在这些方面。

第二章

南怀瑾谈儒学中的中庸之道：

中庸之为德也，其至矣乎

中庸之道是指不偏不倚、折中调和的处世态度。《论语·庸也》说："中庸之为德也，其至矣乎。"儒家以中庸为评判道德的标准，认为中庸之道是人生的大道，也是事业成功、生活美满的根本基础。南怀瑾先生阐释儒学的中庸之道，认为中庸之道包含三层理论。第一，中不偏，庸不易。在人生中不偏离、不变换自己追求的目标，这是一个持之以恒的成功之道。第二，人要保持中正平和的心态，治怒唯有乐，治喜莫过礼，而守礼的方法在于敬。只要保持一颗敬畏的心，人的生活和健康就得以保障。第三，中庸也有中用的意思，人要拥有一技之长，在社会上做一个有用的人才，这也是个人道德的基础，故而"中庸之为德也"。

入世修行，从容中道不易为

佛为心，道为骨，儒为表，大度看世界。技在手，能在身，思在脑，从容过生活。三千年读史，不外功名利禄；九万里悟道，终归诗酒田园。

——南怀瑾

南怀瑾先生曾说：“佛说凡夫人大惊怖处，所谓无我、无我所惧者，以其有欲也。大德有云：无欲则刚。故惟无欲，方能悬崖撒手。”南怀瑾先生看重淡泊明志，宁静致远，拥有一颗宁静的心，从容地面对生活。很多时候，身在困难的处境中，渴望似乎会变得更多。然而，太多不切实际的杂念，往往成为成功道路上的阻碍。这时便需要让心态平静下来，保持入世修行的中庸之道。

从容的中庸之道

淡定而又从容便是一代大师南怀瑾面对生死时的态度，于他而言，可谓是“人有悲欢离合，月有阴晴圆缺，此事古难全”。面对生死时要从容不迫，不因生死而拘泥自我。

生死存亡本来就是一件非常正常的事情，然而现实生活中有很多人不能直面生死。人都是非常感性的，如果身边有人逝世，有的人会嚎啕大哭，有些人会郁郁寡欢，有的则会黯然沉默……人们有这些反应非常正常，毕竟人都是感情动物，可如果因为这些情绪影响了以后的生活，那就不值得了。

作为普通人，一定要尝试着让自己拥有看淡生死的觉悟，悲伤是可以的，但切忌久悲。当然这也不是引导世人从此轻视生命，而是要用正确的方式重视生命。重视生命并不是每天担心自己的安危，忧患于自己会不会出意外，而是要从容不迫地应对生活中所发生的一切。

在面临无法预料与强求的尴尬时，要有从容不迫的大气，懂得事事难免有缺憾，不执意追求完美，用安之若素的态度，叩问己心的真善，聆听内心最正直的呐喊。

大千世界，难免会有些许憾事，世上罕有圆满的事情，取了这样可能失了那样，这是无可奈何的。既然明白这个道理，不妨想开点，敞开自己的胸襟，看穹下流云朵朵的闲适，眺远方碧海银沙的惬意，只要不忘初心，便坚持无悔的抉择，反而落得个自在逍遥。

抉择难，在抉择中坚持君子的价值取舍也难，而在直面选择时能怀一颗平常之心更是不易。杜甫在诗中说诸葛亮“万古云霄一羽毛”；晋朝帮助司马炎一统中国的一代名将羊祜，在前方指挥作战的时候正是“轻裘缓带”；著名的淝水之战，谢安打败苻坚浩浩八十万大军，在接前方胜报的时候正与人下棋，听罢一动不动，继续下。这些都是道家老庄思想的体现。

从容中道不易为

南怀瑾先生认为，做事应当中庸行事，不偏不倚，欲速则不达，物极则必反。从容不迫地诺守中庸之道，并不易做到。

李鸿章是曾国藩的学生，在一次给老师写的信中，向老师推荐三个年轻人。曾国藩接到李鸿章的书信之后，便令人将那三个人招到了府上。进入府中之后，曾国藩远远地默默观察这三个人，并没有直接出去召见他们。第一个人一进到院子里，便不停地打量周围的陈设，仿佛思虑着什么；第二个人则默默地低着头，老老实实地站在庭院里；第三个人，虽然长得平常，却气度非凡，背着双手，静静地望着天上的云朵。

曾国藩在仔细观察了这三个年轻人之后才走出去，同这三人攀谈起来。曾国藩渐渐发觉，那个不停打量客厅院落摆设的年轻人，与自己的交谈最为投机，他似乎早就洞察了自己的喜好。而另外两人，就有些差距了。不过，那个抬头望云的年轻人对人和事都很有主见，可是说话太耿直，令曾国藩有点尴尬。

让大家都没有料到的是，那个被众人所青睐的第一位年轻人，却并没有被曾国藩相中，虽然和他最为投机，但他还是只给了那人一个没有实权的虚职；第二个默默低头的年轻人，则被派去管理钱粮马草；而最后一个仰望浮云，甚至还会偶尔顶撞他的年轻人，却被派去军前效力，并且曾国藩还三番五次叮嘱属下，这个年轻人一定要重点培养。

众人都不解曾国藩为何如此处理三人的委任，曾国藩向同僚解释道："第一个年轻人在庭院等候时，用心打量四处的摆设，可在跟他谈话的过程中，明显可以感受到他其实对很多东西都知之肤浅，与之谈得投机仅仅是投我所好罢了，由此可见他不过是善于钻营，品行不端，不可托付于大事；第二个年轻人遇事唯唯诺诺，空有沉稳而魄力不足，只能做一个刀笔吏；而最后一个年轻人，竟然有闲情仰观流云，这种不焦不躁的淡定从容是难得的大将风度啊，不仅如此，面对显赫，竟从容不迫敢于有所见地地说出自己的想法，这才是我需要的人才！"

从容中道，以势制胜

《孙子兵法》认为，战略的最高准则绝对不是以苛责部下、苦战来取胜，而是从容中道，以势制胜。要对形势的发展和趋向变化有敏锐的洞察力。大局往往表现在一些牵一发而动全身的关键时机、关键问题上，想要把握好大局，需要不失时机地抓住态势并利用好态势，这样才能做到游刃有余，从容制胜。

所以说，做到“求之于势，不责于人”就是不管做什么，都不要把问题归结在他人的身上，更不要随意地责备他人，要在“以利取势”、“以权谋势”的过程中学会从容不迫，因势而用，量能而使，以势酿势，最终成功达到“制敌”的目的。

鬼谷子曾说：“凡先处战地而待敌者佚，后处战地而趋战者劳。故善战者，致人而不致于人。”意思就是说，凡是先到战场上等待敌人的，就从容、主动，后到达战场的只能仓促应战，一定会疲劳、被动。在鬼谷子的思想中，“养精蓄锐”就是避其锐气，蓄盈待竭。

在他看来，“天下之牝，常以静胜牝，牝以静为下”，环境总是会变动的，人事总是有纷争的，在纷扰的世事中，只有持一颗平静从容的心去对待，才不会陷入神智迷乱的境界。

要始终保持自己的淡定从容，等待敌人的焦躁不安，就能够在心理上战胜敌人；用接近阵地的军队迎击远道而来的敌人，用休整好的部队攻击疲惫不堪的敌军，用饱食的士兵来对付饥饿的敌人，就能够在实力上取得对敌人的优势。

南怀瑾先生曾言：“佛为心，道为骨，儒为表，大度看世界。技在手，能在身，思在脑，从容过生活。”由此可见，入世修行不易，以势制胜不易，从容中道更不易。

天命、率性、修道，天人合一之境界

“天命之谓性，率性之谓道，修道之谓教。”这三句话，是影响几千年来中国文化最大的东西。

——南怀瑾

“天命”的“天”不是宗教意义的天，也不是天文科学的天，它指的是“形而上”，指禀赋的人性。

南怀瑾先生认为，《中庸》里讲人性的来源，自然的禀赋就是“性”。但是儒家的观点认为，人性本来是至善的、不坏的，坏是后天搞坏的。从性善派的这个思想来看《中庸》，之所以讲“天命之谓性”，这里的性是本来干净的、纯洁的、善良的、无私的，拿西方哲学观念来说就是真、善、美的。

蔡元培先生对于天命的看法是“饥而食，渴而饮，倦而眠，卫生之自由也。然使饮食不节，兴寐无常，养成不良之习惯，则因放纵而转有害于卫生矣”。蔡元培先生告诉世人凡事都要做到节制，节制才是最好的约束，能够按规律办事，遵循天命，不任性地放纵自己的过分行为，要有条不紊地“放纵”自己的自由。否则，结果只能是养成不可除去的恶习，那就会对自己有害。南怀瑾先生认为，“天命之谓性”，自然之道，就是见道。天命谓之性就是这个道理。

率性之谓道

“率性之谓道”，“率”在古代的意思是“直”，直道而行，不转弯的，与老子所讲的“曲则全”不同，不是歪曲。“直”也就是直心，没有染污的、纯洁的、天然的，这个就是道。依本性至善，这就是道。做个比较来说，《中庸》上的道在“天命之谓性”的之下，“道”变成“用”。“大学之道，在明明德”，《大学》上的“道”，道盖住了“天”。

南怀瑾先生曾言：“率性之谓道，率性就是自由意志，那为什么叫道呢？那你正在吃饭，我饿了就拿过来，率性之谓道，我要吃啊！率性吃了，抢了就抢了嘛！——那就不通了，所以是大问题。”

不加上后天的心思，不加上后天的染污，直道而行，这就是“率性之谓道”。

修道之谓教

南怀瑾先生认为，“天命之谓性”，自然之道，就是见道。“率性之谓道”，就是修道。“修道之谓教”是行道。见道以后如何去修道，修道以后如何去行道。这个“道”要注意，不是学佛的那个“道”，也不是道家修长生不老之道；这个“道”——天人之际，人同天两个不相隔离的，人同鬼神也不相隔离的；以人为中心，以人道为中心，如何去明道而起行的道，这就是“修道之谓教”。

人生下来，后天家庭的教育、社会的教育，使心思龌龊了、脏了或者歪了，必须要把它纠正过来，所以要修行；修正自己的行为，把它改过来，所以“修道之谓教”。这个“教”不是宗教的教，是教育的教。“教”者，古人解释“教”字是效法的“效”，“效”也是“学”的意思，学习的“学”，所以修道就是教育的目的。

儒家讲的道，体用不分。换句话说，形上、形下综合起来讲，没有把形上之道与形而下的行为——“用”分得那么严格。以西方的哲学观念来看，这很不合逻辑，条理分析不清楚。事实上也不尽然。因为道体跟用、形上跟形下，本来就不可分。“体”是不可见的，只是在“用”上、在“形”上见之体，见之道体的作用。

南怀瑾先生认为修道人“戒慎乎其所不睹”，做到将自己的心态放平和，哪怕在一个谁都看不见你的地方，这在某种程度上就是修道。“戒慎乎其所不睹”，做到表里如一那还不算什么；不管任何地方、任何时间、是不是有人看见、是不是有人听见，都做到一样，那就是一种成功。“恐惧乎其所不闻”，当违反了自己的原则时，不管什么情况，都要律己，无欲则刚。同样，也要有自己内心的尺度。

天人合一

《中庸》所讲的“天”是什么呢？抽象的天代表形而上的道，也可以把它当做宇宙之间万事有一个不可知的力量。“天命之谓性”中人性从哪里来？天命。命不是下命令的命，这个命是当成禀赋、赋予的，生命当中自然有这股力量给你，这就是“人性”。牵涉佛家的所谓唯识、唯心，各种的思想；那么牵涉道家的，就是老子所讲的“人法地，地法天，天法道，道法自然”，这个就是自然。生命从哪里来？也不管他到底谁先谁后，反正“天命之谓性”。所以，我们常常讲天生我的个性是这样，这个天就代表了宗教的、哲学的、不可知的、可知的，统统在内了。

南怀瑾在《庄子南华》中赞同庄子的说法，认为是“先存己而后存人”，一个人如果连自己都救不了，又怎么能救别人呢。如果自己都没有正确的方向，又怎能去引导别人走正确的方向？

千百年来，中国人向来愿意相信自己，《易经》上说：“是以自天佑之，吉往不利。”表面上看来，这是说天保佑了，做什么都无往不利，好像跟人的努力没有关系，但其实关系大着呢。南怀瑾先生在《易经杂说》中阐述道，这两句话的意思是：懂了《易经》的道理，上天就会保佑你。但上天怎么保佑呢？就需要自己努力照着《易经》的道理，每一步做得合情合理，做到天人合一。从某种意义来说，这里所说的“天”并不是另外一种力量，而是你自己的内心。天命之谓性，率性之谓道，修道之谓教，便是如此。

君子中庸，小人反中庸

中庸这个境界，就是“道”，体、用俱全的，定个名字叫中庸。反中庸，违背了道，一切行为、修养同道相违背。

——南怀瑾

朱子曾言：“中庸者，不偏不倚，无过不及，而平常之理，乃天命所当然，精微之极致也。惟君子为能体之，小人反是。”《中庸》里有句话，叫做“君子中庸，小人反中庸。君子之中庸也，君子而时中；小人之反中庸也，小人而无忌惮也”。意思是说，君子是中庸的，而且“时中”，能依随外界情况的变化而做相应的调整，时刻居于中的位置上，时刻保持中庸的状态。小人则反中庸，无所忌惮。

中庸即是自省之道

南怀瑾先生认为，君子的中庸之道，在于慎独、自省。孟子强调现世之命，即所有的一切都是命中注定的，我们不能怨天尤人。另外有一句话，“不迁怒，不二过”是指我们怨不得天，也怨不得人，不能迁怒于他人，但是也要避免再一次犯错。真正的君子修养，是可以自查，同时能正视错误的。学会慎独、自省，避开社会中的陷阱，反思自己曾经的过错，做到“无二过”，坚定自己的思想，成为一身正气的“真君子。”

在遥远的先秦时代，君子的“气节”蕴含着礼义与和谐，有一套为人处事的标准，就是君子的立身准则。《左传》中曾言：“圣达节，次守节，下失节”，就是说古代君子贤士注重礼乐，礼的精神是“节”，而乐的精神是“和”，君子的生活准则中有节也有和，这就是儒家的“中庸之道”。君子以气节为基础，便成就了儒家的礼义道德。

为什么叫“君子中庸，小人反中庸”呢？“君子之中庸也，君子而时中。”一个真正明道、见道、悟道、修道的人，无论身在何处都在道中行；对于学佛的人来说，随时随地都在定中，都在那个境界里头。“小人之反中庸”是说小人无所忌惮，没有一种正的心理，即严肃自我的心理。用禅宗达摩祖师的话来说就是，“一念回机，便同本得”。

小人不在道中行

孔子在《论语》中常用“小人”与“君子”进行对比，其实“小人”指的就是普通人，佛家称之为“凡夫”。君子随时都在道中行，而凡夫俗子要么追名逐利，要么庸庸碌碌，远离中庸之道。正所谓“从其大体者为君子，从其小体者为小人”，小人的行为和修养与道相违背，也就是“反中庸”而行，更准确地说，小人不在道中行。孔子曾经说，不能中行而与之，必也狂狷，小人不懂得中庸的道理，行为便肆无忌惮，永远无法践行中庸之道。

孔子曾言：“君子有三畏，畏天命，畏大人，畏圣人之言；小人不知天命而不畏也，狎大人，侮圣人之言。”君子知天命而畏天命，小人不知天命，所以也不会敬畏天命。同样，唯有君子才能体察和践行中庸之道，小人不知何为中庸，又如何能反中庸？中庸之道不会成为“反”的对象。这其中也蕴含了“知行合一”的思想，知之真切笃实处即是行，“知”中庸必然也能“行”中庸，小人反中庸其实是不知中庸。如孟子曰：“行之而不著焉，习矣而不察焉，终身由之而不知其道者，众也。”

既然小人不识中庸，也不能反中庸，那么为什么说“君子中庸，小人反中庸”？孟子曰：“从其大体为大人，从其小体为小人。”所谓“小人反中庸”，是指小人被欲望、习气、势利等驱使，唯利是图，言行举止不合仁义之道。这是站在“君子中庸”的立场上审视小人之行为，而说小人反中庸。郑玄说，“‘反中庸’者，所行非中庸，然亦自以为中庸也”，显然也是错误的。而下文说“君子之中庸也，君子而时中；小人之中庸也，小人而无忌惮也”，论述的角度已经从“君子”转移到“中庸”，就不必再加一个“反”字而说“小人之反中庸也”。南怀瑾先生认为，做事应当中庸行事，不偏不倚，欲速则不达，物极则必反。不守住自己的位置，而想去抢占别人的地位，这样也是一种不明智的做法。因而，做人做事要行君子的中庸之道。

中庸行事，不偏不倚

古往今来，各个朝代都有许多违反中庸之道的例子。譬如历史上著名的商鞅变法，使秦国逐渐强大起来。秦始皇时期的李斯仍然建议以法家思想治国，焚书坑儒，倡导耕战，摒弃思想文化发展，最后将秦国变成一个极端尚武的战争机器，在治理国家的时候专恃暴力，不重仁德，到了秦二世，国家便已灭亡。

南怀瑾先生认为，人生好像在大海中航行，时时会遇见波涛阻力，因此船头不做成方形，而做成尖圆形，就是为了减少阻力。遇事时斤斤计较，力争摩擦，不行驶中庸之道便很难与人相处，更难成就大事。

人们自然不会随时都接触到这么极端的选择，可毕竟“鱼和熊掌不可兼得”，面临问题的时候我们总要下定决心来做一个抉择。至于究竟该如何取舍，不能人云亦云，自己要有个是非价值观，看清楚事物的本质，懂得事事难做到圆满，常保持一颗平常心，便不难处理生活中一些棘手的问题。

南怀瑾先生说：“这两个人的思想，一个是奉行君子中庸之道的绝对无我为公，忘己为人；一个是小人反中庸的绝对为己的个人主义、自由主义。这是属于哲学思想的大问题。”只有绝对为公的理念，而没有绝对的公，同时也不可能存在绝对的私。你的东西我不拿，我的东西你也不要碰，做不到。所以，保持君子的中庸之道，才可于人间大道中慎独、自省。

致中和，人生的大智慧

真正的智慧到了最后，无所谓智慧不智慧，用世俗道理说，最聪明的人是最平凡的人，看起来最平凡最笨的人，却有上上智。

——南怀瑾

南怀瑾先生认为，中和的道理其实就如同一架天秤，这一头重，那一头就会高起来；而如果这一头高起来，那一头就沉下去，因此中和是人生的大智慧。

何物最柔？何物最刚？如何才能达到中和的境界。其实，天地间是没有绝对的东西的，老子曾说水是世界上最柔弱的东西，一滴一滴的都是软的，没有骨头，风一吹就干了。不过与此同时，水也是最刚强的，利刃难摧，水滴石穿，是世上最厉害的武器。因而，水是刚柔并济的，可在刚柔之间相互转化。再坚硬的冰块，终归会软化成水，经过蒸发之后，最终消失在空气中。所以水可以达到一种中和的境界，可高可低，可软可硬，可谦卑可傲气。人如果能学到水的精神，就是一种致中和。

刚柔并济乃谓中和

从中国古代历史看来，统治者的手下分为文官与武官。文官似水一般柔软，虽然无法征战沙场，但是他们的治国思想、口才文笔也是一种兵剑利器，为国家策略规划。而武将拥有强健的体魄，驰骋沙场，他们是国家中最坚强的武器，是国家领土和百姓生命的屏障。正是帝国中的刚柔中和，阴阳平衡，才得以让一个国家如常运转，如此来看，刚柔并济乃谓中和。

治理一个国家，偏重刚、柔任何一方都不行。秦王朝以武力打天下，强兵严法，以刚猛为主，对柔的政策嗤之以鼻。秦始皇登基以后，不但不大力发展文化，反而焚书坑儒，杀害文人策士，将柔的一面全部扼杀。这样一来，秦朝刚柔之道难以中和，国家也无法真正强大兴盛起来，到了秦二世便萧然灭亡。

宋朝则恰恰相反，赵匡胤在登上宋王朝宝座之后，担忧武官掌握军权意图谋反，因而杯酒释兵权，大力扶持朝中文官，打压武官之力。文武不能相济，刚柔不能中和，造成宋朝的军事管理十分柔弱，常年被四方少数民族欺压，最后偏安南方，直至灭亡。

由此看来，刚和柔并不是对立的，可以在同一个人身上做到相辅相成。这两个看似互不相容的东西，融合在一起反而会相得益彰。历史上不懂得刚柔并济的帝王到最后都自取灭亡，真正的大智慧是将刚、柔巧妙结合，就好像冰和水一样，看着一硬一软，其实是同一种本质。所以，太刚则必折，太柔则必缺，只有刚柔相融、阴阳调和才是人生的大智慧。

礼之用，和为贵

“礼之用，和为贵”出自《论语·学而》篇。所谓“礼”者，即是社会的典章制度和道德规范；而“和”，即意为和谐、中和。“礼”的目的是为了“和”，个人的和谐、社会的和谐，就是“礼之用，和为贵”的终极目标。

历史上短命的皇帝比比皆是，除了政变和天生疾病之外，大多不理解“礼之用，和为贵”。南怀瑾先生认为，历代皇帝早逝的原因是操劳过度，中国的儒家思想最讲究修身、齐家、治国、平天下。这些皇帝也许可以齐家，治国和平天下也都做了，但修身这一项却怎么也顾不上。他们整日忙于政务，心里事情太多，把天下重担放在自己身上，步履不停，必定早逝。另一方面，一个皇帝不会使用中和的方式处理各种政治关系，不懂得传统的“中和之美”与“中庸之道”，不以“礼”去规范臣民，只会使用皇权管制百姓，大事小事都容易走极端，多疑、暴躁、猜忌、放纵、虚荣，最终身心俱疲，造成短命。

古希腊国王曾交给阿基米德这样一个棘手的问题：一定要在不损害皇冠一丝一毫的前提下，检验出王冠是不是纯金打造的。在当时的知识储备和科技水平下，阿基米德想尽办法，几次尝试，却还是无法解决这个棘手的问题。阿基米德废寝忘食地思考这个问题的解决方法，甚至达到痴迷的程度，连做梦都叨念：“王冠、王冠、金子……”但却一点儿办法也没有。阿基米德蓬头垢面，被妻子赶进了浴室去洗澡。当阿基米德浸入水中之后，这才突然发现浴盆中的水溢了出去，由此得到灵感，后来用浮力理论解决了这个难题，还启发了新的思考，浮力的相关奥秘逐渐被世人所知。

中和不是进行破坏，不是破而后立，而是依照事物本来的性质，从中寻找探索的规律。阿基米德检验王冠的含金量，没有使用直接粗暴的办法，破坏王冠上的黄金，而是通过一种看似绕弯路的手段解决难题，却得到更完美的效果，这就是一种中和的手段。南怀瑾先生常说，我们中国人习惯恪守儒家的中庸之道，凡事以和为贵，但是这所谓的“和”并不是圆滑，刻意追求一团和气，更不是为了追求和谐而放弃原则。真正的“和”是一种“和而不同”，掌握中和之道，拥有自己的风格和原则，在此基础上维持美好的和谐。

清静中和乃是天下正道

南怀瑾先生认为，“清静为天下正”，清心方能寡欲见性，宁静才可循道致远，清静中和乃是天下正道。清是无为之治，静是不言之教。无为之治就可以发扬民主使政治清明，不言之教可以消除狂热、浮躁，使民心安宁、政通人和、人心思定，这才是人间正道。自然万事万物无论如何，它既然如此生长，便是自身所蕴含“道”的外显，我们不能因自身欲望强求它改变什么，清静中和乃是天下正道。

勤俭与清净相中和，方能有所成就。会上山的人总是慢慢地走，不会一下用尽所有的力量，这是俭。一步一步不停地走，便是勤。会用功的人每天用一定时间的功，不熬夜用功，这是俭。但是“每天”必用相当时间的功，这是勤。我们的生活要追求勤而且俭。治一个国家，亦是如此。用一个国家的力量，亦需要使之有“有余不尽”之意。

南怀瑾先生认为，一个人的学问、事业、成就、甚至爱情，只有走走停停，不急功近利，不急于求成，讲究和谐，方能最终修成正果，走得更远。这世间的万事万物，都有阴阳对立的两个方面，一阴一阳，一松一驰，缺少哪一个方面也不能独立存在。所谓的“和”，即是阴阳和谐，松弛得当，动静结合，快慢有度。就如同琴弦如果绷得太紧就会断一样，人的生命也是如此，如果一直处于高度紧张的状态，对人和事计较太多，不懂得以和为贵，办事效率直线下降，拼命奔波直至最后累倒，完全就是一种得不偿失的做法。

万事不可强求，要顺应天道自然。为人处事不可太张扬，应知礼内敛的道理。清静能胜躁动，寒冷能胜暑热。“躁”和“静”、“寒”和“热”是相对的，是阴阳双方且互为转化，运用这一辩证原理去为人处事，达到“清净”、“中和”才是人生的大智慧。

有求皆苦，无欲则刚

有求皆苦，无欲则刚。

——南怀瑾

南怀瑾先生曾为他的一个学生写下一副对子："有求皆苦，无欲则刚。"上联是佛家的思想，下联则是儒家的哲学。这意思是说，如果经常感到不满足，就会活得痛苦；如果没有什么欲望，就会变得坚强。所以，有求就有苦，人到无求品自高，做到一切无欲才能刚正，方可成为一个顶天立地的人。

有求就有苦

人们在做事业、做学问的过程中要有艰苦奋斗的精神，但是有时候抱有强烈的欲望，过于执着地追求，反而会"走火入魔"，迷失自我。南怀瑾先生认为，无欲无求并不是懒散懈怠，因为有求就有苦，如果欲望太强，苦则大到难以承受的地步。

一座寺庙里曾住着一位得道高僧，他有两个徒弟，两个徒弟都很精明能干。高僧觉得自己圆寂的日子不远了，便叫来两位徒弟说："我给你们每人一包种子，你们去把它种下，看谁培育出来的花儿最漂亮，我就把衣钵传给谁。"大徒弟心想，我一定要好好培育这些花儿，得到师傅的衣钵。在种下花儿以后，他索性在种花儿的旁边搭了个帐篷，每天三次浇水、施肥、给花儿松土。开始花儿发芽的确要比正常速度快，但是后来花儿就越长越慢，而且总是一副病殃殃的样子。大徒弟百思不得其解。后来一场大雨，把大徒弟的花连根拔起，顺着田边的小溪流走了。

小徒弟找了一块自己觉得比较好的土地撒下种子，他每天参禅打坐，空闲的时候就走过来看看自己的花儿，但是除了一些他认为必要的浇水、施肥之外，从来不多动这些花儿一下。他的花儿发芽比大徒弟晚，不过越到后来越茂盛，不久就超过了大师兄花儿的高度。同样是那场大雨，他的花非但没有被冲走，反而在雨后显得更加生机勃勃。

大徒弟想不通去，向师傅哭诉："老天对我不公平，我辛辛苦苦种的花儿，结果却被冲走了！"禅师平静地说："上天对每一个人都是公平的，只是你不了解花儿的本性。世间的万事万物，都不可操之过急，反而容易一事无成。我让你们种花，是想让你们明白顺其自然的道理。参禅打坐是我们的基本功，而你为了得到我的衣钵，竟然连这些最基本的东西都丢了。我们修行之人讲究无欲无求，顺应自然，安闲适意，你的得失心太重，不适合我的衣钵。"

人到无求品自高

欲望一直存在于每个人的内心，难以根除，不过我们可以控制自己的欲望，不让它泛滥成灾。南怀瑾先生认为，如果根据本领与脾气来划分人类，有本领没脾气的是上等人，有本领有脾气的是中等人，没本领脾气大的则是下等人。那些无求的人，通常都是些有本领没脾气的上等人。在古代，寿命最长的人叫彭祖，商王赠给他许多金子，他却都用来接济贫困百姓，分文不留。当周王向他讨教长寿的秘诀时，他便回答道，人如果不计较名利得失，不贪求物质享受，生活恬静，性格豁达，便可以长寿。

人到无求品自高，高尚的品格不需要刻意彰显，只要有无欲无求的境界，自然能达成伟大的人格。无求的人，不受名利所累，一直保有好的精神状态，这样的人就会拥有高尚的品格。因此，南怀瑾先生认为，人的一生要有所为，有所不为，能够“不降其志，不辱其身”，有所不求才能有所追求，这才是“无求”的最高境界。这种人生境界不仅是一种胸怀，更是一种品格，还是一种心态、一种信仰。

和珅23岁时在乾隆仪仗队中任职侍从，他为人精明圆滑，知道如何利用机会展示自己的才能，并博得皇上的欢心。不久之后，也便登上朝廷大臣之位，利用职权便利，疯狂地敛财，在职二十余年里富可敌国。

乾隆去世以后，和珅的靠山随之崩塌。嘉庆帝立即下令赐死抄家，和珅死前写下一首悔恨之诗：“五十年来梦幻真，今朝撒手谢红尘。他日水泛含龙日，留取香烟是后身。”在临死的那一刻，他终于明白，一切财富只不过是欲望的延续，积攒再多的钱财，也仅是飘渺云烟，到最后什么都不剩。

庄子曰：“贪财而取危，贪权而取竭。”和珅的一生贪财又贪权，不懂得控制欲望，不知道适可而止。他求的太多，最终成了金钱和权力的奴才，为之生，为之死，欲望太多，品格败坏，还落得个千古骂名。所以，不懂得控制自己的欲望，不明白“无求”的益处，迟早会陷入欲望设下的网罗。我们每一个普通人虽做不到无求，却也应当时时提醒自己欲求有度，人到无求品自高。

无欲则刚

南怀瑾先生曾说：“佛说凡夫人大惊怖处，所谓无我、无我所。惧者，以其有欲也。大德有云：‘无欲则刚。故惟无欲，方能悬崖撒手。’”对比，他坦言自己更重视淡泊明志，宁静致远，拥有一颗宁静的心，从容地面对生活。当处在困境之中时，渴望似乎会变得更多，然而太多不切实际的杂念，往往会阻碍成功的道路。这时候，需要平静内心，使之免受外界干扰，做到无欲则刚。

无欲则刚，要达到即使遇上坏事也能心境平和地化坏为好的境界。南怀瑾大师曾有过这样一段经历：“今晨寅时忽觉，以高堂置房事萦怀故。遂自示以清静无为之意。行未几，万念俱去，骤然无我；丹田奇热，继周遍全身，身解为尘。以猝涉除事，大惧，惧而我生，大汗淋漓。”一个有智慧的人，就算是遇上坏事，也能保持心境平和，进而化坏为好，这是一种没有欲望的境界所带来的进步，可有的人陷在坏事中无法自拔，怨天命，怨人命，甚至会一蹶不振。要让自己成为自己的主人，做到无欲则刚。

南怀瑾先生认为早晚起贪念非常正常。这是修持中基础的一部分，与生活息息相关，但要修正自己的行为，保持正念，不应该想的事就不去想、不去做。“无欲则刚”需要通过保持心中的正念来维护，要经常察觉过度的欲望，保持自律。有求皆苦，无欲则刚。

依道而行，和而不流

人生最高境界：佛为心，道为骨，儒为表。

——南怀瑾

关于“道”的问题，南怀瑾先生认为是妙不可言的。《道德经》七十一章谈道：“知不知，上矣。不知知，病也。圣人不病，以其病病。夫唯病病，是以不病。”这句话解释起来就是：知道自己有所不知，这样的人很有智慧。不知道却自以为知道，这样的人很愚蠢。圣人通常都不愚蠢，知道自己有缺点并且及时改正，正因为他很清楚自己的缺陷。南怀瑾先生对这句话也有新的认识，他认为，所谓圣人、拥有大智慧的人，都是依道而行、和而不流的人。

依从“君子”之道，严格要求自我

《礼记·中庸》中记载：“道也者，不可须臾离也；可离，非道也。是故君子戒慎乎其所不睹，恐惧乎其所不闻。莫见乎隐，莫显乎微，故君子慎其独也。”真正的道是不能够分离开来的，而能够分离开来的就不是道。所以，真正的君子，不论在何时何地、是否有人听见、是否有人看见，都要做到注意自己的言行。

《说苑·君道》中记载：一天齐景公宴请群臣，其中有一项是射箭取乐。景公每次射出一支箭，文武百官都会高声喝彩，无论是否射中靶心，大臣们都是这样。看到这样的情景，景公很不高兴，丢下弓箭便回去了。

有一个叫弦章的大臣跟在景公身后，景公很生气地说：“自从我失去宰相晏子后，已有十多年的时间没有人指出我的过失了。明明我没射中，大家竟然还一起鼓掌喝彩！”弦章说：“这件事情不能全怪那些臣子，古人有话说：‘上行而后下效’。国王喜欢吃什么，群臣也就喜欢吃什么；国王喜欢穿什么，群臣也就喜欢穿什么；国王喜欢人家奉承，自然，群臣也就常向大王奉承了。”景公听后若有所思，之后便很高兴地说道：“说得好，今天的对话，你是国君，我只能做臣子了。”于是，景公就下令奖励弦章很多珍贵的东西。弦章马上摇了摇头，拒绝说：“那些人之所以奉承大王您，就是为了大王您的赏赐，现在如果我受了这些赏赐，那我岂不也是卑鄙小人了吗？还请大王您快快将这些东西收回去吧。”景公听后很是高兴：“好，好，我要向你学习，以身作则，时刻注意自己的言行，为大家做个好榜样。”弦章听后很欣慰。

从齐景公的例子便可看出，一个领导者对大臣的影响是多么的大。事实上，生活中的每个人，都应当依从君子之道，以君子的标准严格要求自己，时刻注意自己的言行，从情感、信念、道德认识、个人习惯等多个方面，时刻自我检讨、自我反省。就像南怀瑾先生所说的，君子也，慎独、自省、无二过，以这个标准要求自己，做一个“真君子”。

依从“中庸”之道，避免物极必反

南怀瑾先生认为，做事应当依从“中庸”之道，不偏不倚，欲速则不达，物极则必反。不守住自己的位置，而想去抢占别人的地位，这样是一种不明智的做法。因而，做人做事都不要过了头。

古往今来，各个朝代都有许多因不在其位却妄图谋其政而造成物极必反的例子。武曌是唐高宗时的皇后，她在高宗死后就临朝听政。不久，她废了中宗，改立国号叫周，自称为则天皇帝，也就是武则天。当她临朝听政的时候，太子中宗已经长大了，可以处理国家大事了，但武则天还是不肯放手。当时许多大臣都很不满，纷纷上书劝止。其中有一位叫做苏安恒的大臣，也上了一本奏疏，劝谏则天皇帝。奏疏上说："太子现在的年纪已经很大，才德也不错，你却还贪恋着皇帝的宝座，而忘了母子情分，时间已不能让你拖延下去，我认为上天和百姓们，都是倾向李家的，你现在虽然还平安地坐在皇位上，但总要知道物极必反、器满则倾的道理吧！"武则天并不听劝，结果遭致几次谋反事件，臣民对她也多有不满。晚年的时候，她终于明白物极必反的道理。她用强硬手段废黜李氏子孙，自立为皇帝，这件事本来已经偏离中庸之道，而她在夺权过程中还诛杀政敌，甚至连亲人都不放过，必然招致怨怒。最后，武则天认识到这一点，将皇位和政权又重新交还李氏后人。

南怀瑾先生所谈的物极必反的道理，告诫大家如果一个人想谨慎安稳度日，就要警惕事情不要走极端，凡事不要做过了头，只有依从"中庸"之道，才不会造成不可逆转的悲剧。无论做什么事，都该遵循适可而止的道理，凡事有度，过犹不及，在其位谋其政，不要把事情做得过头了，也不要做和自己身份不符合的事情，否则当事情超出控制之后，你就只能自食恶果了。

君子自察内省，慎其独也

关于个人修养的学问，真正落实到实践的时候，才会知道，它真的很困难，不是那么容易就能够做到的。

——南怀瑾

儒学是中国国学，儒家思想是中华文化的精髓，极其重视个人道德修养。其中，“修身”是儒家思想的一个重要组成部分。儒学大师朱熹说过：“君子日醒其身，有则改之，无则加勉。”《论语·学而》一篇，曾子曰：“吾日三省吾身：为人谋而不忠乎？与朋友交而不信乎？传不习乎？”这讲的就是修身的一个重要方法——自省，每天应多次反省自己：替别人办事，是不是做到尽心竭力；与朋友交往，是不是做到言而有信；老师传授的知识，是不是做到及时复习。

南怀瑾先生在《论语别裁》中提到曾子修身的这三个方法，每天用这三件事情考察自己，听起来很简单，但是往往做起来很困难，很少有人能够真正做到。君子之所以值得人尊重，就是因为他们做到了我们普通人做不到的事情，他们能够自我检查、自我反省。

诚信，为人处世立世之根本

孔子曰：“敬事而信。”“敬事”指的就是对一件事认真去做，一件事情要么不接受，一旦接受了就要认真去做。“而信”是使下面的人绝对信服。做事要争取得到“信”，敬其事，说了话一定要兑现，才能得到“信”。

孔子一生都奉行着诚实守信的原则，无论自己做人做事，亦或是教授学生，他都是如此。他的学生也都谨遵老师教诲，曾子就是其一。有一次，他的妻子要去赶集，孩子哭着闹着一定要跟着一块去，妻子为了哄孩子不跟着自己一块去，就顺口说了一句："你不要去了，不去的话，等你父亲回来，让他给你杀猪吃。"孩子听后，就真的没有跟着母亲一块去，母亲一个人高兴地赶集去了。等她回来，看见的便是曾子正在准备杀猪，她赶忙上前阻止："现在猪正是长肉的时候，不能杀。"曾子却说："你答应了孩子要杀猪，我们就要做到。不然就是欺骗，就是在教孩子不讲信用，孩子之后也不会再信任我们了。杀死一只猪事小，但是给孩子留下一个不讲诚信的坏榜样问题就大了。"说着，便将猪杀了。曾子以身作则，为孩子树立一个诚信的榜样，目的就是教导孩子为人在世一定要讲究诚信，这是我们为人处世的根本。

诚信从始至终都处于一个极其重要的地位，在当代社会也在不断地被发扬光大。这表现在学习、工作上，就是专心致志，实事求是；表现在待人接物中，就是真诚为上，互相信任；升华到对待国家和集体的态度上，就是秉公守法，忠诚诚恳。可见，无论是在生活中的哪个环节，诚信一直贯穿始终，都处于一个极其重要的地位。不然，个人无法成才，社会无法和谐，国家无法长久。诚如南怀瑾先生说的，一生做到诚信很困难，很少有人真正做到。但是，我们就要努力向君子的方向前进，即使前路上志同道合的人寥寥无几，我们也要自查内省，诚信做人。

竭尽全力，就有存活的可能

有一个这样的故事，一个猎人带着猎狗上山打猎，看见一只兔子，猎人率先开了一枪，打中了兔子的一条腿，之后猎狗开始追赶兔子。兔子拖着受伤的后腿拼命向前跑，猎狗在后面紧追不舍。但是，猎狗追了一阵子，距离兔子却越来越远，最终索性放弃了，悻悻地回到猎人旁边。

猎人很生气：“让你追一只受伤的兔子都追不到，你真没用。”猎狗不以为意：“我已经尽力而为了。”而另一边，兔子成功地逃脱追捕回到了家，其他的兔子都很震惊：“那可是只很凶残的猎狗，而你还受了伤。你是怎么做到成功逃脱的！”兔子回答：“我是竭尽全力在逃命。一旦我放弃，我立马就会变成猎人的盘中餐、猎狗的美食。而那只狗却只做到了尽力而为。”是啊，正是兔子的竭尽全力救了它的命，假如兔子没有做到全力以赴，那么它的下场一定是悲惨的。

人生就像博弈，竭尽全力才是君子作风。大千世界，之所以会有那么多的失败者，就是因为在大多数的情况下，他们选择的是尽力而为，而不是竭尽全力。每个人的潜能是无限的，有心理学家指出，我们有百分之九十的潜能还处于沉睡状态。也就是说，我们每一个人、我们所做的每一件事情，都有可能是在创造奇迹。但是，现实中的我们，往往都不能唤醒我们隐藏的巨大潜能，最终只能成为历史长河中的一粒尘埃，湮没在更多尘埃之中。而只有少数的“君子”，会竭尽全力地将每一件事情都做到极致，创造了一个又一个辉煌。

道不远人，人人皆可为道

什么是修道人？是永远严格检查自己的人。随时检查自己的心行思想，随时检查自己行为的人，才是真正的修道之人。

——南怀瑾

在南怀瑾先生的书中，曾讲过一个关于黄庭坚的故事：黄庭坚在还很年轻的时候，曾经拜了一个著名的禅师为师，修习禅学，学了很多年后，他感觉自己一无所得，很郁闷，甚至怀疑师傅自己有秘传心法，但却没有教给他，所以才导致自己修习多年无所得。于是，他就去问禅师。禅师听后笑笑说："你有没有听过孔老夫子的一句话'二三子，以我为隐乎？吾无隐乎尔'？"这句话什么意思呢，就是说：你以为我有什么隐瞒吗？我没有隐瞒，况且又有什么好隐瞒的呢！当时黄庭坚还是不明白。一天，师徒二人在山间闲逛，正值桂花时节，禅师回过头来问："桂花香否？"黄庭坚答："闻。"禅师又道："二三子，吾无隐乎尔。"禅师的意思是：道，就好比桂花的香味，老师无法隐瞒，但对道的参悟，也如同花香，要自己去体味。就像《中庸》中的记载，子曰："道不远人，人之为道而远人，不可以为道。"也就是说，只要真心诚意去修炼，就一定可以向"道"靠近，道也从来不会远离人，我们人人都可以为道。

一心一意做好每件事

南怀瑾先生对于佛学有自己的理解，他认为："一心不乱不光是念佛法门的初步目标，其他任何修行方法，基本上都要做到一心不乱，即使修学一切外道功夫，也同样以此为追求对象。”南老对佛学的要求是“一心一意”，但对南老而言不仅仅要在这样的修行上专一，扩大到各个领域都离不开“一心”。做事情要诚心诚意，对人要有诚信。无论是哪一种，都集中在“诚”之上。不能一心，做事就很难达到自己的“道”。

南怀瑾先生在论“心”的过程中，无时无刻不在体现着自己的态度，处事随心，但要“一心”，正如他对念佛的执着。“百心不可得一人，一心可得百人”既是对南老的诠释，也是对时代的诠释。万事不分大小，有事必然用“心”，只有用“心”，我们才有可能为道。

大道至简

南怀瑾曾说：“一切本来就是如此，一切法便是一切法的理由，更没有什么其他原因不原因的，这样就叫法尔如是。从法尔如是来看道法自然，最清楚不过了。”老子讲：“有物混成，先天地生。寂兮！寥兮！独立而不改，周行而不始。可以为天下母，吾不知其名，字之曰道。”其中的“道”看不见也摸不着，它超越一切万有之外，悄然自立，不动声色，不因自然的变化而变化，不因世界的生灭而生灭。总结之下不难得出：其实他们要说的不外乎就是大道至简这个道理了。所谓“道法自然”，就是自自然然即谓之道，若不如此，便不是道了。普通的人，照修炼神仙的人来看，都是凡夫俗子。然而，凡夫俗子只要能做到在日常生活中一切听从自然，便不离道了。

一个农民从洪水中救起了他的妻子，他的孩子却被淹死了。事后，人们议论纷纷。有人说他做得对，因为孩子可以再生一个，妻子却不能死而复活。有人说他做错了，因为妻子可以另娶一个，孩子却没法死而复活。哲学家听说了这个故事，也感到疑惑不解，就去问农民。农民告诉他，他救人时什么也没想，洪水袭来，妻子在他身边，他抓起妻子就往山坡游，待返回时，孩子已被洪水冲走了。

自然是一种最睿智的生活方式，这个农民如果进行一番抉择的话，事情的结果会是怎样的呢？洪水袭来，妻子和孩子被卷进旋涡，片刻之间就会失去性命，哪里有时间进行抉择？这与南怀瑾先生的看法是一致的，道法自然的意思应该是道本来就是如此，正如佛家的名词“法尔如是”，说明诸法本身就是这个样子。你为什么这样选择呢？我就是这样选择啊，一切本来如此，一切法便是一切法的理由。很多时候，我们四处寻找解脱的途径，殊不知，并没有谁捆住你的手脚，真正难以摆脱的是困于心中的那个瓶颈。我们需要做的，不是向外寻找解脱之“道”，而是向内打破自己心中的瓶颈，清除内在的污浊，就可以看到一片蔚蓝的天空。

“人生天地之间，若白驹过隙，忽然而已。”人的一生不过是沉醉于人间数十载罢了，无论是几经沉浮，或是几番激荡，总归是要有收帆归航的时候，总有那么一天，人要除却周身尘埃，去独享安乐之时。所以，不要刻意追求什么，不要向生命索取什么，不要给自己设置障碍，简单而自然，那么我们本性中的道就会引导我们走向幸福的殿堂。

曲高则和寡，水清则无鱼

秋风落叶乱为谁，扫去还来千百回。一笑罢休闲处坐，任他着地自成灰。

——南怀瑾

《论语》中，子曰:“己所不欲，勿施于人。”意思就是说，自己不愿意做的事情，也不要强迫别人去做。将心比心，以己推人。“己欲立而立人，己欲达而达人”，讲的就是自己要立足，也要让别人立足，自己要通达，也让别人通达。这与南怀瑾先生的“曲高和寡、水清无鱼”是一个道理，从自己的内心出发，多去理解他人、宽容他人，设身处地地为他人着想，我们才能更好地生活在这个世界上。

宽容他人

《易经》中的智慧引导人们学会适应变易，这些道理看似简单，但是付诸行动却是非常困难的，这需要我们有广大的胸怀和宽容的心态。我们都知道，心胸狭隘的人，容不得他人，也永远不懂得宽容，只会斤斤计较，大动干戈、不宽容别人的时候，同时也苛待了自己，令自己陷入愤怒和痛苦当中。中国有句古话，“水至清则无鱼，人至察则无徒”，意思是水太清了，鱼就无法生存，对别人要求太高了，就会没有朋友。所以，在纷繁的尘世中，我们更多地要用宽容之心对待他人。宽容是一种海纳百川的气度，拥有宽容他人的美德，你的人生才会从容、潇洒、美好。

林肯在一次参加竞选的演讲上遭到了一个参议员的羞辱，那个人讽刺他："林肯先生，在开始你的演讲之前，我希望你知道你是一个修鞋将的儿子。"林肯听后，微微一笑，回答道："非常高兴您能记起我的父亲，现在他过世了，我一定会记住你的忠告，我做总统无法像我父亲做鞋匠一样优秀。"整个参议院陷入沉默了好久。林肯又缓缓地说："据我所知，我的父亲曾经给你的家人做过鞋子，如果鞋子不合脚，拿过来，我可以给您免费修。虽然我可能没有我父亲的好手艺，但是，我以前跟着父亲还是学过修鞋技术的。"之后，又对着所有参议员说："在座的每一位，如果你们的鞋子是我的父亲做的，他们需要修补，都可以拿给我，我一定尽可能帮忙。但是有一点大家要知道，我父亲的手艺无人能比。"说到这里，场下响起了大家真诚的掌声。有朋友不理解："朋友，你为什么要将政敌化为朋友呢？你应该以强硬的打击、消灭他们才对呀。"林肯温和地回答："难道我们没有在消灭敌人吗？当我们变成了朋友，敌人还会存在吗？"

这就是林肯消灭敌人的办法，以宽容之心将敌人变成朋友，对任何人不怀恶意，对一切事以宽容之心处之。也正是因为宽容、忍让、大度、不斤斤计较，林肯最终取得了巨大的成功。

南怀瑾先生说过："心态好，世界才会美好，凡事不要只考虑自己，要为对方考虑。只有去掉了自私、自利、自爱，你才能够自在。你怎样对待别人，别人也会怎样对待你，不要总怨天尤人，不要总挑剔别人的毛病，看别人不顺眼，不要总想着去改变别人，先调整好自己的心态，修好自己的心，一切都会随心转动。"是啊，世界上的事，世界上的人，乃至宇宙万物，没有一样东西是不变的，就算敌人也可以成为朋友，应时刻谨记，宽容变通，海纳百川，有容乃大。拥有宽容，拥有好的心态，我们才能拥有更好、更有意义、更快乐的生活。

追求平凡之乐

南怀瑾先生一直十分推崇诸葛亮的千古名言：淡泊明志，宁静致远。他认为，首先需要甘于淡泊和平凡，甚至是享受淡泊与平凡，能够做到“不义而富且贵，于我如浮云”，才能真正体会到宁静，体会到真正的生活之乐。

陶渊明是一个用一生追求平凡的诗人。他喜欢“采菊东篱下，悠然见南山”的怡然自得，果断地以山为友，以水为酒，返璞归真，享受“晨兴理荒秽，戴月荷锄归”的田园之乐。他远离昏暗无比的朝廷，远离满朝文武的勾心斗角，远离珠光宝气、钱财万贯，远离佳肴美人、纸醉金迷，毅然决然地选择与世隔绝的桃源深处，享受芳草鲜美，落英缤纷。看着满园春色，看着那一只只飞翔的小鸟，望着那潺潺的清泉，他得到的是心灵的宁静、内心无限的满足和平凡中的快乐。

所以做人一定要学会享受平凡，学会乐观淡然，洒脱地过好每一天。南怀瑾大师也是这样数十年如一日地享受着平凡的生活。作为一代大师，南怀瑾先生白天在慈善基金会工作，晚上则给学生或者客人讲课，深夜则读一些当日学生搜集来的书籍，有时还要写点东西。就这样，南怀瑾的生活保持着数十年如一日的淡泊态度，节约朴素，在自己周而复始的平凡生活里用潇洒的态度享受人生、感悟人生，这样潇洒自得的态度怎能不惹人羡慕呢？

只有平凡的人生才是真正的人生，远离尘世的喧嚣，远离矫揉造作，远离虚伪，体会平凡中真实的快乐。就像南怀瑾先生所认同的，真正的伟人往往都是平凡的，只有平凡才最真实，只有平凡才最快乐。在我们现实的生活中，因为平凡，我们才可以轻松悠闲。因为平凡，我们不用体会商场的沉浮，不用体会政坛的尔虞我诈。平凡的人生，自会有一番别样的美丽与快乐。

“过”与“不及”，都是一种病

学问最难是分寸，善于把握分寸的人，什么事业都可以做。

——南怀瑾

孔子的一生一直奉行“中庸之道”。孔子在《论语·子罕》中讲道：“我有知乎？无知也，有鄙夫问于我，空空如也。我叩其两端而竭焉。”这里的“叩其两端”指的就是从事物的两头去考虑问题，要找出它们中间的那个点。

我们经常用的成语“过犹不及”，就是出自《论语》中孔子说的话，他曾赞赏《诗经》“乐而不淫，哀而不伤”，恰到好处而不过分。孔子曾经告诉季文子做事情不要过于谨慎，不要强行加入过多的思考，同时也不要过于鲁莽。《论语·雍也》有言：“质胜文则野，文胜质则史，文质彬彬，然后君子。”这讲的是，一个人如果只注重内在修养，不注意外在礼仪，就显得粗野；只注重外表的礼仪，不注重内在的修养，就会显得做作；最好两者都有，内外兼修，恰到好处，这才是君子的形象。

在孔子眼中，“过”与“不及”都是不值得推崇的，他一直在用“中庸的思想”来指导自己的日常生活，这与南怀瑾先生的观点不谋而合。南怀瑾先生认为，所谓‘过”，是聪明过头，有些人脑筋动得快，反应过度了。有些人拼命研究一个问题，研究得太多了，反而走上一条错误的道路，这就是“过”。“不及”是有些人懒得用心，对一个问题，觉得“大概这样”、“差不多了”，就停下来。南怀瑾先生认为，做人做事情的过程中，“过”与“不及”都是一种病，都不是正常的为人处世之道。

太过贪婪，终会体会到苦楚

孔子教导人说，跟君王来往太密切，就会遭受屈辱；跟朋友来往太密切，就容易疏远。因此，人与人之间的关系，无论君臣还是朋友，最好保持一定的距离，不近不远，若即若离才是最好。民间有一句俗语，“田园要经常去，朋友要淡淡走”，即所谓的“君子之交淡如水”，只有这样，关系才可以天长地久。

所谓过犹不及的道理，就是为人处世不能“过”，“过”就是一种贪婪，无法做到恰到好处，想要的太多，就一定会物极必反。尤其在处理人际关系上，不过分亲近是明智之举，因为过多的贪婪和欲望反倒会疏远关系。

有这样一个故事，一只老鼠掉进了还有大半缸米的米缸里，这只老鼠很开心，在米缸里大吃了一顿。正要离开的时候，它脑中的小聪明开始作祟：既然这里有这么多的米，我就不用再跟其他愚蠢的老鼠一样，每天到处觅食，遇见这么好的机会，为什么要出去呢？而且，我这么聪明，一定不会被人类捉住的。我完全可以待在这里过安逸的生活，等过段时间出去也不迟啊。就这样想着，它一边为自己的聪明窃喜，一边转身回去躺下来睡大觉。

日子就这样过去，一天一天，老鼠每天吃了就睡，睡醒了再吃，日子过得很悠闲。很长时间以后，老鼠发现，米缸里的米剩得不多了，自己不能再继续待在这里了。可是，它又舍不得结束这样的生活，于是一边安慰着自己，一边又在饱餐后睡大觉。终于有一天，米缸里没米了，老鼠不得不离开这里了。可是它发现，米缸太深，自己蹦一下，根本就上不去。同时，日日的吃睡使它身材变胖，已经不能像以前一样灵活地跳跃了。

结果毫无疑问，老鼠就这样在空落落的米缸里饿死了。发生这样的悲剧，何尝不是因为老鼠内心过于贪婪？何尝不是因为它一次又一次地耍小聪明，高估了自己的能力？何尝不是因为它过于懒惰？一次一次的“太过”，最终让它的生命消失在这个米缸里。

贪婪是一切祸事的根源。就像南怀瑾先生教导我们的，人的一生，要为人，要做事，但是无论做什么，都要记住“过犹则不及”。

把握分寸，追求完美

世间万事万物皆有分寸。哲学家言：“无论黄昏时树影有多长，它总是和根连在一起。”树影不敢妄为，因为它懂得掌握分寸；离开了分寸，它就等于离开了树根，就失去了生命力。“分寸”是智慧，是艺术。任何人都要掌握为人处世的“分寸”。

中国历史上，“鸿门宴”暗含杀机，剑拔弩张。但是，项羽狂妄自大，不懂得把握分寸，骄傲自满；刘邦忍辱负重，忍气吞声，委曲求全。最终，项羽乌江自刎，而刘邦成为叱咤风云的人物。为什么会出现这样的结果，究其原因，就是项羽的狂妄自大、没有分寸的骄傲自满，注定了他的悲惨结局。刘邦有节有分寸成就了他的成功与辉煌。因为“分寸”，一个失败，一个成功。

世界上最困难的事情，莫过于权衡分寸，把握尺度，拿捏节奏，控制火候。太过或者差一点，都会不完美的，都会留下遗憾，太过了或者差一点，都将变得遗憾，变得不完美。生活中不乏狂妄的人：‘海天尽头天是岸，山高绝顶我为峰”。但是，时刻要记住，万事万物都是有分寸的，只有把握分寸，权衡利弊，坚持适度原则，才不会“太过”，也不会“不及”。只有这样，我们才能美好地生活在这个世上。就像南怀瑾先生告诉我们的，将“太过”与“不及”这种毛病都治好，一切才不至于乱套。

第三章

南怀瑾谈儒学中的管理智慧：

运筹帷幄之间，决胜千里之外

在延续几千年的中国古代社会管理活动中，儒家思想发挥着重要的指导作用。而儒家管理哲学的基本精神，是以人为中心，以道德教化为导向，以正己正人为途径，由此展开它的管理哲学论。古代儒家的管理智慧便是“治国之道”、“兴国之法”，南怀瑾先生采用“经史合参”的方法，旁征博引，引入许多生动励志的历史故事，对儒家立身治国的管理原则做了深入浅出的阐述，轻松而又深刻，展示出儒家精神“治国兴邦”的人生志向。

善用策略，规之以正

学佛法不能沉迷在宗教中，钻牛角尖，要了解科学，讲究策略，才能更透彻地了解佛学。生活中的很多道理都与此相同，只有讲究策略，才能有更好的领悟。

——南怀瑾

孔子在《论语》中讲过很多学习方法，如“温故而知新”、“吾日三省吾身”、“学而不思则罔，思而不学则殆”。可见，在孔圣人的思想中，学习方法在学习的过程中占据着重要地位。只有选对方法，才能达到事半功倍的效果。这个道理，扩大到生活中的任何一件事情上都同样适用。在南怀瑾先生眼中，善用策略，规之以正，才能在社会中找到自己恰当的位置和符合自己条件的办事方式，使自己的天赋、能力得到充分的开发和利用。

不战而胜，作战的最高策略

在《孙子兵法》中，孙子这样写道：“不战而屈人之兵，善之善者也。”简而言之，在孙子看来，不战而屈人之兵是战争的最高境界。这里的不战并非是放弃、不作战，而是在战争前运用智谋、手段、策略逼迫敌人主动认输，从而减少百姓、士兵流血，减少社会灾难。追根溯源，不战的背后是积极的备战，需要有更高的能力和技巧。

解放战争时期，毛泽东和平解放北京，就是不战而胜的典型战例。

首先，对北京和天津进行分割包围以后，政治宣传上主张避免流血、和平解放，在社会舆论上宣传保护历史文化名城，在军事上用打天津来展示战斗力从而威慑北京。毛泽东用种种策略最终不战而胜。

就像南怀瑾先生所说的，无论是修身、学佛，亦或是其他种种，都离不开策略。同样的，无论是战争，亦或是生活、学习中的小事情，同样离不开策略，只有讲究策略，才能达到事半功倍的效果。

成就大事者，必定善用策略

三国鼎立时期，军事家诸葛亮就是一个神机妙算的人物。一次，诸葛亮因错用马谡而痛失街亭。这时，魏将司马懿乘势引大军攻打诸葛亮所在的西城。当时，在诸葛亮身边，只有少数的文官。众人得知司马懿马上就要攻打这里，全都惊慌失措，不知如何是好，只有诸葛亮很冷静。他走到城楼，观察了一下环境，就对众人说："大家莫要惊慌，我略用计策，便可叫司马懿退兵。"于是，诸葛亮开始下令，把旌旗全都藏起来，士兵原地不动，不可私自外出，不能大声喧哗，将 4 个城门全部打开，每个城楼上安排 20 名士兵打扮成百姓模样，打扫街道，诸葛亮自己披上鹤氅，戴上高高的纶巾，领着两个小书童，带上一张琴，到城上望敌楼前坐下，燃起香，然后悠闲地弹起琴来。司马懿派遣的人马到达这里，看到这种气势，都不敢轻易入城，急忙返回报告司马懿。司马懿骑马前去观看，还没到城前，就看到诸葛亮面目悠闲地焚香弹琴，身后还站着书童，城里的街道上，百姓也在忙活着洒水扫地。司马懿看到后疑惑不已，但是为了安全起见，还是决定撤兵。他的儿子不解地说："很有可能他是故意弄出这个样子，实际上家中根本就没有士兵，您为什么还要撤退呢？"

司马懿说："诸葛亮一生谨慎，不曾冒险。现在城门大开，里面必有埋伏，我军如果进去，正好中了他们的计，还是赶快撤回去吧！"于是各路兵马都退了回去。诸葛亮的士兵问道:“司马懿乃魏之名将，今统十五万精兵到此，见了丞相，便速退去，何也?”他说:“兵法云，知己知彼。方可百战不殆。如果是司马昭和曹操的话，我是绝对不敢实施此计的。”在司马懿大军来临无计可施之际，诸葛亮果断地想到“空城计”。是啊，诸葛亮神机妙算，用空城击退了敌人，可见善用策略是多么重要。

南怀瑾先生一直教导广大青年朋友在生活中一定要讲究策略。讲究策略是一门学问，只有掌握这一项技能，善于讲究策略，我们才能改变自己、成就自己。

柔能克刚，学学高明的“太极拳”

处世不要走直路，走弯路才能“全”，处理事情转个弯就能成功。

——南怀瑾

有句俗话叫做：“百人有百性，百人有百心。”纵观古今历史，不难发现，刚烈之人却往往容易被柔和之人征服。以刚克刚，易两败俱伤；以柔克刚，则常常马到功成。以柔克刚是太极拳的精髓所在，也是为人处事的至高境界。

以柔克刚，以软胜强

《明史》中有个故事说，有一次明武宗朱厚照南下巡视，提督江彬随行。江彬意欲谋反，他率领的将士均是西北壮汉，身材魁伟，力大如牛。兵部尚书乔宇看出了江彬的意图，特意挑选了一百多个江南武林高手随行。

乔宇和江彬让这批江南拳师与西北壮汉比武。江彬从京都南下，原本骄横跋扈，但因将士在与江南拳师的较量中屡战屡败，嚣张气焰顿时消减了大半，妄图篡位的野心也打了折扣。乔宇所用的正是“以柔克刚”的谋略。

在现代社会生活中，“以柔克刚”也是很有用的。世界上什么人都有，假如在生活中遇到一些桀骜不驯、无法沟通的人，以柔克刚就是一个很好的方法。南怀瑾先生有一位朋友心直口快，常常在大庭广众直言批评人，因此得罪了不少人。有一天南怀瑾先生见办公室里没人，就将朋友叫过来，写了两句话送给他，作为劝勉：“扬善于公堂，规过于私室。”意思是说，别人的优点应该在大庭广众下讲出来，而别人的缺点过失一定要私下里告诉他，因为每个人都是要面子的，当众指责批评别人，会让人感觉难堪，而私下里指出别人的不足之处，不仅能收到效果，还会让人感激。

朋友收到这两句话之后，立刻意识到自己的错误，非常不好意思，更对南怀瑾先生私下里委婉地劝诫表示感谢，并且心服口服，表示今后一定改正缺点。南怀瑾先生正是用了这种“柔”，克制了朋友的“刚”，将“以柔克刚”的方法用得恰到好处。

儒家思想认为，想要在人际交往中轻松周旋，关键在于要抛开自己的清高刚硬，不以地位和身份压迫人，就事论事，恰到好处。以中庸柔和之道与人交往，见文雅的人可说雅话，见市井的人可说俗话。要相信事情无论大小，总能让人增长经验阅历，不管是大人物还是小人物，总有能让人亲近的优点和长处。放下一颗高傲的心，平和待人，柔和处事，才可培养出一种良好健康的人际关系。

柔中带刚，避实就虚

南怀瑾先生认为，柔中带刚的处世艺术被广泛应用于生活中，是因为一切事物本身皆具有刚、柔的两面性。事物的多样性和复杂性，决定了我们在运用刚柔时，必须针对不同情况，加以灵活地掌握和运用。

人生也当柔中带刚，好似太极拳的“四两拨千斤”，有时不必硬碰硬，懂得使用迂回的办法，方能解决问题。汉朝有一个故事，汉武帝的奶娘犯了罪，武帝决定用法令治她死罪。奶娘去向东方朔求助，东方朔认为她错不至死，于是说道：“你要想活命，临刑前什么话也不要说，只可以流着眼泪，连连回头望着皇帝，这样还有一线希望。”

奶娘被押去行刑，依照东方朔所说，一句话也不说，只默默流泪，临刑前频频回头看汉武帝。这时东方朔突然开口说道：“你回头看皇上也没用，皇上怎么可能会想起你喂奶时的恩情，赶紧上刑场受死吧。”汉武帝一听，又见奶娘脸上表情凄然，不由得动了恻隐之心，想起小时候跟奶娘感情深厚，于是下令赦免了奶娘的死罪。

东方朔的计策就是柔中带刚，刚在柔后，避实就虚，方能显其智慧。南怀瑾先生认为，在生活当中，先柔易于造就与雕琢，才会变得虚怀若谷，获得更多支持和帮助，在较短时间内拥有更多的技能与本领，创造更多价值。柔而后硬，是要使才能和本领变得合乎规矩，成为坚不可摧的“磐石”，才能充分展现自己的价值。

先柔后刚，先“豆腐”后“石头”，是谦恭有度，也是铮铮铁骨。柔弱之术固然重要，刚强之道也必不可少。为人处世之中，刚柔并济，柔中带刚，似太极之法，曼妙无穷。

刚柔相济，恩威并用

刚柔者，立本者也；变通者，趣时者也。

——南怀瑾

南怀瑾先生曾经公开表示过："刚柔者，立本者也；变通者，趣时者也。"这两句话看似简单，但却包含了一切人生哲学和道理。为人处世、人情练达的精义都包含在内。世间万物皆有两极，正反两面，有生，有克。刚就是坚硬、阳的一面，而柔就是绵柔、阴的一面。正所谓祸兮福兮，祸福相依，万生万物一切皆为相对，互生互克。人亦然，有刚强的一面，就会有软弱的一面。所以刚柔相济、恩威并重尤其重要。

南怀瑾先生道：君子安其身而后动。欲成就一番事业必然要有一个行动，前提是要求身安，身安而后动。人生要有所立，此生才不枉为人，而心无所安，也就无所立。而刚柔者，便是立本者，刚柔相济，使心有所安，身有所立。

恩里生害，害里生恩

古时候带兵打仗很讲究恩威并重、刚柔相济。南怀瑾先生在书中由此提出一些发人深省的观点——恩里生害，害里生恩。他提到在太公《阴符经》里有一词为"恩以生害"，意思就是对他人好到极致，到了极点，到头来并不是帮了他，而是害了他。历史在这方面提供了前车之鉴：那些背叛你的人，往往不是你的敌人，而是你对他最好的人，甚至是自己亲自培养的人。敌人是无法推翻你的，每一个宏图霸业的沦陷都是因最亲信、最心爱的人发生了叛变。

拿破仑·波拿巴是法兰西第一帝国的缔造者，而在成就霸业之前，他在两个人心目中是不适合当英雄的。这两个人不是别人，正是拿破仑身边最亲近、最信任的人，一个是他的老友，另一个是他的妻子。在他们的眼中，拿破仑是朋友，是丈夫，是身材不高的小个子男人。由于朋友、夫妻之间朝夕相处，他们对拿破仑非常熟悉，没有距离感把拿破仑当成普通人，就看不到他身上的英雄气概。所以说，恩与害两者之间无法割裂，有时互为因果关系，恩生于害，害生于恩的情况都会存在。

南怀瑾先生在书中详细地解释了恩生于害的原理。他说过，恩与害两者的关系在很大程度上即是生克的法则，生人者恒克人也，恩里生害，害里生恩，二者相辅相成，同时也对立而存，二者之间没有绝对占上方的一方。先生认同中国人的一句老话：送人一斗米是恩，送人一担米是仇，这句话生动形象地概括了“恩里生害”的道理。帮助朋友，雪中送炭固然重要，但也要适度。在困难之中救济一下，他反而感恩戴德，但是如果给予帮助过多，他就永远不会懂得知恩图报，永不满足。

世间的种种交情都逃不过“莫益之，或击之”六个字。对己无益便是打击。社会上的恩与害、是与非、善与恶从来都是相对的，但如今物欲横流的社会中，大多数人只抓住了恩、利的部分，却忽视了利害相对、相生的重要道理。

变通者，趣时者也

南怀瑾先生告诫我们：懂得刚柔相济，恩威并用固然是“立本者也”，但是还要懂得变通。“变通者，趣时者也。”常言道识时务者为俊杰，如今的“趣时”才是把握住时代脉搏的，若只懂得孔孟之道，只知诗书礼乐，不免过于偏颇。将这一切看做全部的文化、全部的学问，其他的一概不论，这便是以偏概全，太过片面。所以，“趣时”是把握时代，“趣时者”就是懂得把握住时代的人。

现今有多少人“打肿脸充胖子”，不愿意放下虚假的外在。其实并不是好面子，而是他们不会运用自己的智慧和知识给自己创造一个机会，不会变通。古人韩信忍胯下之辱，才成就了开国大臣之功勋。但在变通这一点上，陈平却可谓为师祖。

陈平虽为儒生，却为人所不齿，名声欠佳，非议众多，无非就是其骨子里缺少了些传统儒生的气度，但纵观其一生，“变通”二字贯穿始末。比如刘邦在驾崩之前让陈平杀了樊哙，但其只是暂时羁押樊哙，等刘邦去世，便跑去灵堂痛哭流涕，极尽人臣之礼，实则只为打消吕后顾虑，为其自身化解危机。

在吕后独揽大权之余，想要专权为王时，丞相王陵极力反对，但是陈平认为其举也未尝不可。当时世人都唾弃其背弃誓言，但却道恢复汉室仍需靠他。果不其然，吕后一死他立马翻脸，与周勃联合铲除吕氏势力。

也许在后人的眼里，陈平是一棵“墙头草”，是毫无立场和原则的人，但细细思量，这正是古人所谓的外圆内方的处世原则，也就是现在人们常说的变通。做人需要目光远大，不计较一时的得失。儒家讲究中庸之道，并非想要塑造铮铮铁骨，更多的是处世之道。大丈夫能屈能伸，能进能退。出兵能够出奇制胜，兵出险招的原因，无非就是变通，将圣贤之道融于兵法之中。南怀瑾先生所说的“刚柔者，立本者也；变通者，趣时者也”便是这个道理。

仁义者，自完之道，进取之术

无论是谋国谋身，“仁义之道”的确是真正大利……这些是广义的，长远的利，是大利。不是狭义的金钱财富的利，也不只是权利的利。

——南怀瑾

南怀瑾先生在《孟子旁通》中探讨了“仁义”这一话题，他用《战国策》中苏代的故事来论述。燕王哙传位给昭王后，燕国崛起势必要报国仇。此间燕昭王内政修明，广纳贤士，力图强盛。他采用郭隗“千金市马骨”的精神，举国上下广求人才，得到乐毅等贤能之士相助，一战攻下七十二城，洗雪了国耻。但是就在这个时候，齐国的来使苏代对燕昭王道：“仁义者，自完之道也，非进取之术也。”苏代认为，仁义的精神和行为是个人对自己的最高行为准则及道德的修养，绝对不是用来锐意进取的政治工具，若想夺得一个国家的政权，治理天下的百姓，如若仅仅依靠仁义道德来执行政策，那是行不通的。

南怀瑾先生认为将孟子和苏代的思想进行对比，二者虽然有所相悖，但是将二者辩证地看都是没有错的。孟子的仁义思想是正确的，但是执行的方法难免有点不符合时代，而苏代无疑对此有所变通。

仁义，完善人格修养的利器

南怀瑾先生认为道德根源于人性，基本内容即为仁、义、礼、智、信五项道德准则。而在五项之中，仁义是最重要的，是全社会公认的道德规范。想要判断这个人有没有道德，其区别在于他是否仁义或者背弃仁义。先生指出仁义并非高不可攀的目标，道德的教育应该以仁义为核心，“内仁而外义，行高而德巨”的人才是真正有仁义的人。

仁义，在苏代这位纵横家的论调上，是提高个人修养的一方良剂。鬻子也曾经说过：“发政施令为天下福，谓之道，谓之仁。信而能和者，帝王之器。”由此可知，鬻子认为采取有利于天下福祉的政治措施，是最高尚、最崇高的行为，也就是常说的行仁道。使百姓老有所终，壮有所用，幼有所长，举国上下安居乐业而心悦诚服，便是帝王之才。自身并不去刻意追求功名利禄而自有人拥戴，那么便立了信。为天下苍生除害，这就是仁义。

南怀瑾先生所认同的、赞成的就是孔孟一向主张的“仁义”思想。他指出现今大多数人都将仁义片面化、夸大化。仁义可以用来提高个人美好人格的修养，也可以在一定客观条件下，用一些战争的手段伸张仁义。按照鬻子的理论推衍，战争的手段可以用来完成更为崇高的目的，只要是不违背仁义，合乎仁义的要求，一场为民除害的战争就是仁义的伸张。

韩愈作为出色的思想大家，总结了一些自己的修养经验，并在吸收前人道德修养理论上，提出了一些修养要则：“责己重以周，责人轻以约。”他所提倡的是协调个人与他人之间的关系，要不断地鞭策自己，以全面而严格的态度不断提高自我修养，而对待他人应该宽厚而多礼。他在《进学解》中说：“行成于思，毁于随。”仁义的成就就在于认真思考，而放任自弃就是毁坏。仁义是完善人格的一柄利器，我们应当经常与道德规范进行对照而反省自身的行为是否符合仁义的要求。

仁义，自我修养之道

在战争纷乱的年代，士志于道，多半是无功而返。孟子见梁惠王，梁惠王问孟子：“不远千里而来，亦将有以利吾国乎？”孟子直言：“王何必曰利？亦有仁义而已矣。”在短短几句话中，孟子开门见山地提出

“仁义”，避而不谈梁惠王内忧外患的情况，孟子的这种仁义观本身就并非进取之术。

南怀瑾先生认为，人生总想要锐意进取，但是仁义并不是一条正确的进取之术，而是完善自我修养的一柄利器。

南怀瑾先生在书中提出：儒家所提倡的交友之道，不仅仅在于交友之乐，也不在于功利之心，只不过是简单而自然地体验天道，体味仁心，养浩然之正气。儒家的交友给予现代人的启示是无法估量的。也许有些人并不懂何为仁义，但是他们身上所体现的品德却完美地诠释了“仁义”二字。

多年前有一场NBA决赛，其中新秀皮彭独得33分，远远超过当时的老牌球员乔丹，成为公牛队第一个比赛得分超过乔丹的球员。然而比赛结束后，二人却紧紧相拥，泪光闪闪。

然而一开始并非如此。当年乔丹在公牛队的时候，皮彭被誉为最有希望超过乔丹的新秀，他时常流露出一种不屑一顾的神情，并且时常讽刺乔丹。而乔丹却刚好相反，并没有把皮彭当做潜在的危险，反而时常给予其帮助和鼓励。有一次，乔丹问皮彭：“你觉得我们俩的三分球谁投得好？”皮彭漫不经心地答：“明知故问，当然是你。”乔丹却摇摇头：“不，是你。虽然我的三分球成功率是28.6%，而你是26.4%。但这并非绝对。”并且对他说：“我投三分球弱点很多，我扣篮多用右手，而你却是左右手都行。你比我有天赋，以后一定会投得比我好。”皮彭一愣，这是一些连他自己都没有注意过的小细节。自此，皮彭为乔丹的无私而深深地感动。

从那以后，乔丹和皮彭成为要好的朋友，皮彭也证实了乔丹的预言，成为公牛队17场比赛中首次超过乔丹的得分球员。而乔丹的无私品质也为公牛队创造一个又一个神话奠定了基础。

每个人都是需要朋友的，为人仁义，可以为我们赢取一份真正的友谊。中华民族是一个讲究仁义的民族，儒家强调仁爱是世上最纯洁高尚、不计功利的感情，而友情也是最为朴素的感情，是维系人与人之间关系的纽带，是人际关系交往的基础。

兼收容量，方见仁心

所谓体是内心的修养，如何做到仁、爱人；仁的用，有推己及人的精神，心胸宽大，包容万象，能够感化他人，这是仁的用。

——南怀瑾

当被问及“何为仁心”时，作为国学大师的南怀瑾先生只回答了一个字“容”。容，虽看似简朴单一，却是一种雅量，亦是一种风度。“容”饱含着深厚的涵养，它是一种善待生活、善待别人的境界，亦能陶冶人之情操，给予心灵的宁静与恬淡。南怀瑾先生说道：容，不仅仅能善待自己与社会的联系，也可以使自己的内心得以慰藉和升华，它不是懦弱，亦不是胆怯，而是一种海纳百川的大度与包容，是笑看风雨的释然与开怀。

包容，容人所不容

凡成大器者，其量必大，当能容人所不能容，忍常人所难忍；当像大树扎根泥土，兼收并蓄方可冲天；当若海不拒于涓流，集腋成裘铸狂澜；应宠辱不惊于色，得失不现于形。大方可伪，大器难装，乃可谓之容。

南怀瑾先生觉得做人就是要包容，包容可以化解矛盾，使心胸宽广，在为人处世之间也能和谐相处。包容是一种至高无上的美德，有博大而超俗的意境，是友好待人的行为艺术，是聪敏处世的修养。

一个能够包容他人的人，无论在何时何地都会得到各种契机，他们送给生活的东西，永远都是微笑多于眼泪，能够包容的人永远不把鸡毛蒜皮的小事记挂在心上。包容的人以善为基，以人为本，心存万物，笑对人生。拥有包容心态的人，将会得到他人的帮助与推崇，避免别人的攻击，从而为自己营造一个和谐助人的人际交往圈。

超然者，举重若轻；聪慧者，拿大放小；博大者，虚怀若谷；宽容者，与人为善。

推己及人

《论语·卫灵公》原文中写道，子曰："己所不欲，勿施于人。"朱熹集注："推己及物。"孔子在讲"仁"时曾经反复强调要推己及人。推己及人是一种高深的境界，指凡事都能站在他人的角度来考虑，做到换位思考。南怀瑾先生在谈论"仁"时和孔子抱有相同观点。他说，如果听到他人在背后议论自己的是是非非，自己一定会很不开心，自此对那个人有了偏见、成见。但是，如果能做到推己及人的话，就会想到自己是否也在背后议论过他人，这么一想就会原谅那个人，同时也就注意不再背后议论他人的是非了。

仔细想来，推己及人其实就是自省的方式。当自己有了痛苦、伤心的事情，也要推己及人地想想他人是否也有同样的苦恼。

鉴史可通今，历史永远是最好的见证人。在春秋时期，一年冬天，齐国突降大雪，连着三天三夜未曾停过。齐景公身披狐腋皮袍，坐于厅堂欣赏雪景，只觉得此景致甚有妙处，新奇美好，心中无不盼望多下几日，则更有风趣雅致。此时晏子走近，若有所思地看着外面翩翩下落的雪花，突然叹了一口气。齐景公道："何事叹气？这雪景甚是美妙，寡人唯恐少下了几日，没了这景致。而且这连下三天的大雪，一点也不觉得冷，该是到春暖的时日了。”晏子看着齐景公裹得紧紧的狐裘，又见其在室内端坐，就有意追问了一句：“真的不冷吗？”齐景公点点头。晏子知道其没理解他的意思，就直言道：“我素闻古之贤君，在饱食的情况下还要去思考是否还有人饿着肚子；自己身着锦帽貂裘就要考虑是否还有人冻着；自己享受安逸是否还有人累着。可是，你怎么都不去想想你的百姓呢？”齐景公当场愣在那里，一句话也说不出来。

这个故事里，晏子劝说齐景公应该推己及人，在自己穿暖和的情况下，要想想天下的百姓是否都穿暖了，设身处地为百姓着想才是真正接近“仁”了。《论语·雍也》里记载了这么一段话，子贡曰：“如有博施于民，而能济众，何如？可谓仁乎？”子曰：“何事于仁，必也圣乎！尧舜其犹病诸！夫仁者，己欲立而立人，己欲达而达人。能近取譬，可谓仁之方也已。”

推己及人是儒家忠恕之道的核心所在，是处理人际关系的一个基本准则要领。正如“老吾老以及人之老，幼吾幼以及人之幼”，‘仁”的范围不应该局限在一处，应该由爱自身拓展到爱父母、爱妻儿，到最后应该是推而爱一切的老者、妇孺。“人我一体，以自身为喻，推及他人，即是行仁之道，便是仁心。”

君子求诸己，小人求诸人

无论何时，都要以一颗公正之心来对待众人，一视同仁，不结党营私，不拉帮结派。

——南怀瑾

南怀瑾在《论语别裁》里提到，一个君子为人处世，对待每一个人的态度都是一致的，不会因身份地位高低、学问多寡而区别对待，反之，就是比而不周了。君子无论何时何地都能够用一颗公正之心来对待众人，一视同仁，不结党营私，不拉帮结派；然而小人却是总与自己相近的人交往，结成自己的一个小圈子，排除异己。

在理解南怀瑾先生的句意之前，我们首先应该了解《论语》中的“君子和小人”。何为君子，何为小人？最初，君子是指贵族阶层，而小人便是平民，没有道德上的含义指标，也许在一定程度上也残留着社会地位的区别，但是在孔子和南怀瑾先生的心里，这个标准超越了社会地位，是以“德行”论君子与小人的。

海纳百川，有容乃大

子曰：“君子求诸己，小人求诸人”；“君子矜而不争，群而不党”；“君子不以言举人，不以人废言。”南怀瑾先生和孔子的意见一致，作为一名君子必须要矜而不争，在严格要求自身的品德素质、加强自己的修养过程中一定要与人和谐相处，为人与善，待人接物不能过于苛刻。做人不能傲气太盛，自命不凡，不懂得尊重他人，团结一致，最终的结局肯定会不尽如人意，成为孤家寡人而难有作为。

谢灵运作为中国山水诗的鼻祖，却是因为待人接物目中无人，最终死于非命。谢灵运因出生门阀世家，门第高贵，自身才华横溢，以至于恃才傲物。正因如此，他认为自己在政坛上应该格外受到皇帝的看重和赏识，应给予重用。殊不知天外有天、人外有人，谢灵运傲气过重、自命不凡，反而遭到朝廷的排挤，被皇上一纸诏书调离建康。如此谢灵运在郡上心情不佳，郁郁寡欢，到后来不理政务，只知道一味地纵情山水、饮酒作诗，以此来宣泄心中对怀才不遇的愤懑，仅仅一年便称疾辞官。

南怀瑾先生认为，正确的做法应该是推己及人的忠恕之道。在待人接物的同时，应该采取换位思考的原则，多为他人着想，把自己置身于他人的角度来看待问题，理解别人的难处，多一些宽容和理解，才能达到人与人之间和谐共处的的境界。

《红楼梦》中的王熙凤一生要强，从不低头，到头来只落得“机关算尽太聪明，反送了卿卿性命”的结局。掌管荣国府一应大小事宜的王熙凤，对待下人苛责无比，不知进退，损人利己的事情做尽，沦落到丈夫贾琏也离她而去的地步。

在现今多元化的社会里，更多的是要有一种“海纳百川，有容乃大”的胸怀。作为一名君子，更要知晓待人刻薄无礼是取祸之道，不能包容他人，只会树敌众多，导致自己孤立无援，危机四伏。君子应当原谅别人的过错，才能赢得和谐美好的人际关系，为提升自己，促进事业的发展奠定良好的基础。

君子要时常反省自己

南怀瑾先生在讨论君子这个话题中，提到君子与小人的区别在于：君子要求自己，而小人则要求别人。子曰：“躬自厚而薄则于人则远怨矣。”也可以看出孔子对自立自强、严于律己而宽以待人的重视。一旦在生活中出现了矛盾和问题，君子想到的第一件事情是从自己身上找原因，反省自己，总是反求诸己，从自身找不足、找缺点，从而达到不断进步的目的。然而小人却刚好相反，从来不从自己身上找原因，不检讨自己的缺点，一味地把错误强推给别人。如此不承担责任，对己宽厚，对他人求全责备，自然不会有进步。

世间的一切纠纷无不产生于双方都不懂得退让，没有反省自己。“退一步海阔天空”，如此简单明了的事情，却总是无法顺利地解决。因此，在面对矛盾和纠纷时，应当如君子一样责己不责人，如此一来问题就会迎刃而解了。

君子与小人的区别无非就是是否具有“以责人之心责己，以恕己之心恕人”的境界。无论是大至国家君臣，还是小至个人私交，恪守严己宽人的准则，怎会出现隔阂越来越深，乃至于陷入矛盾激化、关系破裂的僵局。

很多时候，一些不和谐的社会关系的发生，都是源于矛盾发生的时候，当事人没有自己反省，更多的是抱怨别人、指责别人、互相攻击。矛盾双方只要有一方检讨自己的不足，为他人着想，用一种安静、平和的心态对待对方，什么矛盾不能解决呢？

当人与人之间发生矛盾冲突的时候，只有不断反省自身，“化干戈为玉帛”，才能使人们之间能够真诚相待。因此，责人不如责己，自责远胜于抱怨、指责。君子责己，小人责人。君子反思自己，小人怨天尤人，满腹牢骚。我们做人、教育孩子，都应该朝着君子之德的方向去努力。心诚求之，虽不中，不远矣。近君子，远小人才是正道。

不迁怒，不贰过

我们做人做事，要尽量注意“不迁怒，不贰过。”

——南怀瑾

“不迁怒，不贰过”出自《论语·雍也》，当时的鲁哀公问孔子：“您的众多弟子中谁最好学？”孔子回答道：“颜回是最好学的，不迁怒也不贰过。”南怀瑾先生在《论语别裁》中解释这句话的意思为不要迁怒于人，不重复已经犯过的错误。而好学并不是单单指文学知识，更多指的是在实践中的行为举止和道德修养。在现实生活中，很多人一旦自己有了过失，总是归罪于他人，迁怒于人，大发脾气，这是一种很常见的现象。

南怀瑾先生指出一个真正“好学”的人，应当虚怀若谷。如果发现自己的过错，不管是他人的“善意批评”亦或是恶意的嘲讽，都应该做到不迁怒于人，更不会为自身的错误找到多种推脱的理由。应该用这种态度来对待一切生活、学习和工作上的问题，也要坚持用这种精神来加强自身的道德修养水平。“不迁怒，不贰过”简单来说就是要注意时时修正错误，完善自我，恐怕这也是孔子一生孜孜不倦所追求的完美境界。

人生应该学会“受气”

“不迁怒，不贰过”是好学者理想追求的一种极高的思想境界，但真正实践起来又谈何容易。孔子说，自颜回去世以后，再也没有人能够做到这两条了。“一箪食，一瓢饮，在陋巷。人不堪其忧，回也不改其乐。”颜回就是这样一个淡泊名利的人，会在任何环境下都做到自得其乐，不会患得患失。坦诚地改正自己的错误，不失为一种进步、一种收获、一种人格的完善。纵观历史，有多少人无法从名利的枷锁中挣脱出来，这简简单单的六个字可能是我们一辈子也做不到的事情。有些人做了历史的大罪人，就是由于迁怒，甚至把整个国家都拿来赌气输掉了。不迁怒是件很难的事情，所以人应该学会受气，自己多承受一些，就会雨过天晴，海阔天空。

第一次世界大战前，德国著名的宰相俾斯麦是国王威廉一世的“左膀右臂”，两人是相得益彰的搭档。德国之所以强盛，在很大程度上都要仰仗俾斯麦的雷霆手段，但同时他也遇到了一位宽容大度，能受气的好皇帝。威廉一世经常在回到后宫后，气得乱砸东西、摔水杯，严重的时候甚至把贵重的器皿都砸坏了。这时候皇后就会问他：“你又受俾斯麦那个老头子的气了？”威廉一世就会愤愤地回答：“是呀！”皇后不解地问：“你贵为一国之君，为何老要受他的气呢？”威廉一世摇摇头道：“你不懂。他贵为首相，一人之下，万人之上。那些下面许多人的气，他都得受着，而他受的气在哪里出呢？只好往我身上出！而我贵为国君，万人之上，这气又该往哪里出呢？只好摔茶杯了。”威廉一世之所以能够缔造一个强盛的帝国，是因为他能受气，受万民之气的君主怎么能不成功呢？

人生在世，发怒在所难免，但是因为一点不高兴的事情就把脾气发到他人身上，而自身不能反省，这就有失德行。特别是作为领导人，要学会受下属的气，不能随意迁怒于他人。如若自己有什么不顺心的事情，有了烦恼和愤怒，不是自我化解而是怨恨他人，把别人当做出气筒。这便是一种迁怒，所以学会“受气”是难能可贵的行为。

犯错要及时思考原因

自己有了过失或者过错的时候却不思改正，会导致一错再错，甚至同样的错误一犯再犯。也有些人发现他人过失却不引以为戒，自己还犯一样的错误，这就是“贰过”。南怀瑾先生说，能做到“不贰过”的人有深厚的自制力，犯错了能自行忏悔，反思过后就再也不会犯重复的错误，这是聪明人的所作所为。孩子被开水烫到了口唇，尚且知道下一口应该用嘴吹凉了再喝，何况是大人呢？之所以在社会上“贰过”的事情屡次发生，恐怕不是因为不长记性，而是个人对待错误的态度问题。人们总是容易原谅自己。

下面讲一则耳熟能详的故事。从前，有个少年养了一圈的羊。一天早上他发现少了一只羊，仔细检查发现羊圈破了一个洞，夜晚狼可能就是从这个洞里把羊叼走了。少年堵上了那个洞。可是奇怪的是，第二天早上，少年发现他的羊又少了一只，他再次查看了一番，原来羊圈破了不止一个窟窿，狼有可能从其他没有补好的窟窿里把羊叼走了。于是，少年再次把所有的窟窿都补上了，可他的羊还是少了。少年只好请村里的长者为自己指点迷津。长者饶羊圈一圈，对少年道：“狼叼走了羊，并非是因为羊圈破掉的窟窿，而是你的羊圈的围墙太矮了。”少年恍然大悟，立即把羊圈加高，同时决定每天都来定期检查羊圈有没有损坏。从此，他的羊再也没有丢过。

从这个小故事我们可以知道，如果不查明真相就去填补那个表面上破损的窟窿，却不知道羊丢掉的原因在于围墙太矮，这样也会导致错误一再发生。加高围墙，修补羊圈，定期检查，剩下的羊当然就不会丢了。所以我们要明白，犯了错误，要寻找真正的原因，若盲目地纠正细枝末节的东西，往往会一错再错。分析犯错误的根本原因，及时采取有效的补救方法，并在弥补的基础上加以防范，这才可以避免继续发生错误，导致更大的损失。

“不迁怒，不贰过”

“迁怒”和“贰过”两者是品德上的问题，人要在不断的匡正自我修养中得以成长。“不迁怒”是修心，让自己的心静若止水；“不贰过”是修身，让自身的德行“毫无瑕疵”。所以，“不迁怒，不贰过”是最为精粹的人生态度，是内心的涵养。想要获得成功，就要不断地自我反省，检查情绪，改正错误。

唐太宗就是做到了“不迁怒，不贰过”，以史为鉴，成就了“贞观之治”。

魏征是一名敢于直言唐太宗过错的功臣，一旦发现唐太宗有哪些地方做得不对，就会直言不讳。有一次，魏征在上朝时，与唐太宗就朝政问题争得面红耳赤，唐太宗不好下台，只好忍下。退朝后，他在内宫里气冲冲地说道：“总有一天我要杀了这个魏征。”长孙皇后很少见唐太宗发这么大的火，便询问皇上原因。唐太宗说：“魏征总是当着众臣的面侮辱我，叫我不堪忍受。”长孙皇后听罢便换了一身朝见的礼服，对唐太宗下拜道：“我听闻贤明的君王身侧总有正直的大臣，而魏征就是这样的功臣，这不正说明皇上是英明的帝王，我怎么能不向陛下祝贺呢？”听闻此番话，唐太宗满腔的怒火都被浇灭了。后来，唐太宗不但不记恨魏征，还时常夸赞他。贞观十七年（643年），直言敢谏的魏征病逝。唐太宗痛哭道：“以铜为镜，可以正衣冠；以古为镜，可以知兴替；以人为镜，可以明得失。今日我失去了一片明镜呀。”

正是因为唐太宗广纳英才，采纳直谏，政治开明，造就了唐朝初期的繁荣景象，于是称这段时期为“贞观之治”。

事实上，我们所谈到的“不迁怒，不贰过”只是其中的一小部分。如果认真深入研究，这两点几乎涵盖了全部的历史哲学，也囊括了人类的行为哲学。如果达到“不迁怒，不贰过”的人生境界，那是非常不容易的。所以，孔子才会再三赞叹颜回，这是有其道理的。

治国难，齐家更难

俗话说，家和万事兴。大至国家之强盛，社会之祥和，小至个人生活之幸福，事业之兴旺，身体之健康，均有赖和谐的家庭为基础。

——南怀瑾

“修身、齐家、治国、平天下。”中国素来有将国与家相提并论的传统。国家国家，国与家是密不可分的。国家豪情，家国情节，上至古人的诗词歌赋，下至今人的流行曲乐，家国情怀油然可见。不论外国人如何看待，但在中华民族，家国情怀已经成为血脉中的一部分，并将一脉相承，生生不息，跃然成为重要的中华传统文化。

南环瑾先生说：“治国不易，但是齐家更难。”俗话说，家家都有本难念的经，人人都有难唱的曲。家庭和睦对于每个人来说都是至关重要的一环。和谐的家庭关系是建立在相互理解、相互包容的基础上的，一个和谐美满的家庭环境需要用心真诚地经营，以情晓“安”，以静至“和”。

百善孝为先

自古以来中国人最讲孝道。南怀瑾先生说：“现在的人不懂孝，以为只要能够养活爸爸妈妈，有饭给他们吃，像现在一样，每个月寄五十或一百元美金给父母享受享受，就是孝了。还有许多年轻人连五十元也不寄来的。光是养而没有爱，就不是真孝。孝不是形式，不等于养狗养马一样。”由此可见，真正的孝道在于用心、用爱。

南怀瑾先生有许多老友，但大多也都上了年纪，虽然名利双收、子孙满堂，然而儿女一个个都身处国外，极少回家孝顺父母，有时连父母相应的生活也不给予安排，放任年迈的父母不管。先生说到一件令他痛心疾首的事情：有一对老夫妻，生病住院，没有子女来探望，更不用说照顾了。夫妻二人只能你看看我，我看看你。在百无聊赖之际，互相抱怨一下，为何儿女众多，到头来承欢膝下的竟然一个也没有，不免让人有些心寒。日子一天一天地过，老夫妻二人最好也是唯一的好友便是电视机。如此说来，实在令人心寒，唏嘘不已。先生怜悯他们，也是感叹世风日下，人心不古，孝道文化可怜至极。

谈及孝，最基本的涵养便是赡养父母，《尔雅》:“善事父母曰孝”，孝道的基础便是以对父母的感恩之情回报养育之恩。

相传，舜是传说中贤明的君王。他的父亲瞽叟、继母和他同父异母的弟弟象想要害死舜。一次在舜修补谷仓顶部的破损时，在谷仓下纵火，好在舜手拿两个斗笠跳下来跑掉了，才免于一死。还有一次是让舜独自下去挖井，瞽叟与象却在上面下土填井，想要害死舜，舜挖地道才大难不死。这两件事情过后，舜丝毫没有抱怨，也不记恨，依旧兄友弟恭。舜的孝行感动了上天。舜在历山耕种，便有大象为他耕种，鸟儿为他锄地。帝尧听闻舜不仅十分孝顺，还十分有处理政事的才能，便把自己的两个女儿娥皇和女英嫁给了他。经过多年的观察与考验，尧最终选定舜作为自己的继承人。舜登上天子之位后，去看望父亲，依旧是恭敬如初，还将象封为诸侯。

孝道对于现代生活是不可或缺的一部分。在中国这样一个注重纲常伦理的国家里，在众多教条中，孝道历经千年不朽，总是排在第一位，足以说明中国人对孝道的格外重视。

家和万事兴

和谐是当今社会的发展主题。人人都想身处安宁、稳定的和谐环境。家是最小国，国是千万家。想要一个和谐的社会环境，家庭和谐才是社会和谐的基石。孔子曾说："弟子入则孝，出则弟，谨而信，泛爱众，而亲仁。"由此可以判断，这是把家庭和睦与社会和谐高度统一的理想论断。中华民族素来讲究家国一理，家和万事兴。家庭的和睦对于国家而言也是十分重要的。

郑庄公的生母武姜，由于在生产庄公时难产，在心理上就对他抱有成见，所以特别钟爱她的小儿子共叔段，以至于想要让郑武公把皇位传给共叔段。但古时必须是长子继位，而且庄公有勇有谋，于是郑庄公顺理成章地继位了。武姜为了小儿子能够得到国家，便向庄公请求制邑，庄公知晓母亲和弟弟的阴谋，只把京邑封给了共叔段。但共叔段依旧在封地上不断地扩展领土，最后与母亲武姜里应外合，想要篡权。而庄公早有准备，使共叔段母子二人的野心一一落空。共叔段逃亡鄢邑，庄公把武姜迁出内宫，下放至城颍，并且发誓："不及黄泉，无相见也。"事后，庄公十分后悔，功臣颍考叔为其出主意，挖了一条地道使母子二人团聚并言归于好。

庄公的国家之所以动荡不安，是因为作为国君的他家庭不和睦，母子二人有了嫌隙，这样如何能够安宁，如何能够治天下呢？

生活中的一点碰撞和摩擦，如果我们多点宽容、多点谅解、多点理解，就会使生活充满了爱与幸福。贫穷到富贵的距离，只不过是勤奋和家和的相加；相反，从高峰跌落深谷者，也不过是家庭纷扰不断闹出来的惨剧罢了。人生苦短，和谐、和睦是每一个家庭都抱有的美好憧憬和愿望，"家和万事兴"是多么重要，"与人为善，善莫大焉。和气生财源，善恶终有报"。

权智，为政的下下等境界

上古时代的三皇，是以道治天下，这是最高的无为而为的境界。到了后来五帝的时代，以德来治天下，这已经差了一层——有为而为了，但是仍然是非常高超的政治。等而下之三王用仁义，五霸用权智，可以说是每况愈下。

——南怀瑾

南怀瑾先生几十年来著书无数，倾尽一生将儒、释、道三家学问融会贯通，对中国传统文化感受颇深，理解也更加透彻，是当之无愧的国学大师、智慧大师。南怀瑾先生的智慧被许多人崇敬，不单是在哲学、国学领域，有时在谈及政治或者为人处世之道时，也会给为政者一些醍醐灌顶之言，甚至每一个普通人都可从中吸收正能量，从而对世界、对人生都有更深刻的感受。

玩弄仁义的权智

南怀瑾先生在《谈说话的艺术与领导的艺术》一书中畅谈了自己对于权智的看法。大多数人都认为，权智，无非是权变智略，权力下的智慧，是运用权力制服别人的谋略才能，比如三国魏时期《辅臣论》中一说："文武并亮，权智时发，奢不过制，俭不损礼。"这里，权智是对某人的称赞，夸奖某人雄才谋略，随机应变，才能超群，拥有指挥别人的智慧。权智，这看似纯属褒奖的词语，在南怀瑾先生看来，却是玩弄仁义，是一种政治道德的衰落。

权智，在三国时期称得上是褒义，大军事家曹操采用韩非子的主张：君主要依法治国，权、术、势相结合，君主还必须依靠自己的权力来让百姓臣服，要有绝对的权威，才得以威慑众人。这就是他们眼中所谓的权智，是运用权力的智慧。但是南怀瑾先生看来，这是一种衰落，南怀瑾先生在《孟子旁通》里谈到：春秋战国时期，诸侯各国都想完成春秋霸业，都想要权变自己的治国智略，想方设法夺取眼前利益，殊不知，这样的权智也暴露了他们个人为人处世的法则——仗着自己的强硬势力和高超权智，还有什么是自己得不到的呢。正是因为过于注重权智，才不能够以诚待人，真心相对，对手下人的疑心太重，不去适当地实施仁政，用道德教化众人、感化世界，所以才会有杨修之死。当代人也是，总想着利用自己手中的权术、势力来压迫别人，要点小聪明，这样一来，可能自己的利益是轻易得到了，但是获得利益的同时，也失去了人与人之间最基本的信任和真诚，抹杀了和谐社会中脆弱的仁义道德。

南怀瑾先生是一位儒学大师，为人做事讲究遵循儒学的基本思想，也就是仁义道德。想要获得某种利益，不需要挂一个冠冕堂皇的理由，却在暗中操纵着权智，而是要讲究气节仁义道德，做人要真诚。不要以为权智是多么简易高效的手段，其实，权智并不能从根本上解决问题，实际上是对仁义、对气节、对道德的践踏。先秦时代的气节往往都带有礼义与和谐的意味，是一种为人处事的标准，同时也是君子安身立命的准则，这里所说的气节可要比权智的境界高许多。

南怀瑾先生与孟子的想法又有许多共通之处，正如孟子评论“国无气节，则士无气节，然而诸国之间‘断之以战伐为之者’”。春秋战国时期的大部分人都只意识到权智的重要性，认为只要将权智运用得游刃有余，获得一些利益乃至完成春秋霸业根本不在话下，但他们并不是都成功了，因为他们忽略了最重要的一点，就是当时兵荒马乱，得民心才是至关重要的。得民心，在治国上就是君臣相互信任，在修身上就是重仁义道德。所谓的修身治国平天下，平天下难道仅仅是用武力平定的吗？仅仅是玩转统治者的权智、谋略就能稳定人心吗？当然不是，只有安抚天下黎民百姓，使之丰衣足食、安居乐业，以仁义道德为政治基础，如此国家才能够长治久安，人民才能安身立命。

为政的下下等境界

说到为政，无非是统治者治国平天下，领导者管理，那么下下等怎么理解呢？如果说以德治国是高水平境界，那么依法治国就是下下等境界，也就是说，不到万不得已，还是不要采取这个下下等境界的措施。南怀瑾先生精通儒释道三派，对于为政，他主张孔子的“为政以德”，我们都知道“德”都是被提倡和赞扬的。古时人云：“德者得也。”南怀瑾先生在《论语别裁》中这样说道：孔子极力推崇尧、舜、禹、汤、文、武、周公，正是因为那时谈到“为政”单讲究一个“德”字，就能达到人心齐、泰山移；一个领导者若是以道德来感化教育手下的人，那么他只需要站在后台发号施令，下面的人就全力臣服于他，像无数的星星一样以他的命令为中心，不需玩弄自己的权智，仅以道德感化，即可获得天下。

南怀瑾老先生这样解释老子“以道佐人主者，不以兵强天下”的主张：君主若以道德治理国家，以礼待人，那么征服天下根本不用动用武力。凡是以武力而赢取天下的，是迫不得已，没有办法的办法，注定不会走得长远。

《三国志·贾诩传》中，曹操对贾诩说，“让天下知道我曹操重信义的人就是你”。这句话包含讽刺意味，即两个都是不讲信义、玩弄权智的人，一个是被称为天下第一“毒士”的贾诩，另一个是“一代枭雄”曹操，这两个人却希望让天下人都知道自己是讲信义的。

一直以来，曹操都想立次子曹植为帝，于是告诉贾诩想要废除曹丕，贾诩说："你不记得袁本初和刘景升的事情了？"

当曹丕得知曹操想要废他时，便向贾诩求教，贾诩说："你应该学会做一个优秀的太子。"

又一次，曹操打算攻打蜀国和吴国，就与贾诩商讨，贾诩说蜀国和吴国只是两个小国，只是凭地利占着优势，而且刘备是个君子，现在不是攻打的时候，应该韬光养晦，修生养息。

从这些事情上可以发现，贾诩开始变成熟了，一是明白自己该为谁而谋，二是懂得了谋划的另一件武器就是道德。

南怀瑾先生用为政以德举例来解释"中庸之道"，交战过后的地方肯定民不聊生，所以善于用兵从政的人不会逞强动用武力，物极必反，过于争强好胜就会不合于"道"，得到的只是眼前利益，很快就会烟消云散。南怀瑾先生认为，权智之所以是为政的下下等境界，就是因为我们都需要的是和谐社会，人人都能以诚相待，社会能以仁义道德教化众人，不耗一兵一卒，亦可拥有天下。

在其他领域，权智相较于德，同样也是下下等境界。南怀瑾在与彼得·圣吉谈管理的时候，说到要想成为一个伟大的领导者，首先领导者必须要成为一个真正的人，注意自身的修养，以德待人。为什么这么说呢？因为领导者所管理的是人，只有自己成为真正的人时，对人性的理解才会把握得更全面，才能领导好别人。南怀瑾先生谈及楚庄王这位成功的领导者时，极力称赞了楚庄王，说他很了解人性，懂得宽厚仁慈地对待下属，能洞察人性的本质，却不揭穿它，还想方设法地维护住那个人的尊严而不是暗中操纵自己的权势。这样的领导者，谁不愿为他效力、卖命呢？

大小之间，能屈能伸

人在世上要想干出一番事业，则需这种“屈伸”的精神。这是避让锋芒、待机而发的谦忍智慧，是身正无畏、乐观自信的心态。为人应如此，处事亦如是。

——南怀瑾

屈伸一词分开解释就是失意时忍耐，得志时还能施展抱负。“大丈夫能屈能伸”本出自《周易》，南怀瑾先生认为君子之心，大可虚怀若谷，小则容忍谦和。丈夫之志，又是既能委曲求全，又能大义凛然身正无畏。在南怀瑾先生看来，人生在世，要想干出一番大事业，这种能屈能伸的精神是必不可少的。而能屈，并不是败北之后的自卑颓丧与怯懦；能伸，亦非功成名就之后的自负傲慢与炫耀。这是一种智慧，一种避让锋芒、伺机而动的智慧；这又是一种心态，一种自信昂扬、无畏向前的心态。

能屈，是一种谦和容忍

能屈，并不是颓丧自卑的沮丧姿态，南怀瑾先生认为的能屈，是在顺境中的低调谦虚，在逆境中的保全与忍耐，这是一种生存方式。能屈，是一种难得的糊涂，是一种“水往低处流”的谦恭。在名利纷争中的“恕”，在困境失意中的“耐”，在抗争负辱中的“忍”，在与世无争中的“和”。

南怀瑾先生谈及“能屈”时说到很多真实的故事，譬如著名的京剧大师梅兰芳，在出演《杀惜》之时，台下众多喝彩声中却有一位老者说不好，批评梅兰芳的演出很差劲。梅兰芳并没有生气动怒，并且连演出服装都没来得及换下就专车将这位老人接回自己家里，恭恭敬敬地对老人说："先生说我不好，就是我的老师，想必老师一定是有高见，还请赐教，学生定当虚心改正，亡羊补牢。"随后梅兰芳就俯身清耳虚心求教。之后梅兰芳经常请这位老先生观看他演出，并请他指正其中的不足，还尊称他为"老师"。这就是梅兰芳大师的"能屈"。无论自己取得了多大的成就，造诣达到多高的境界，他都不会摆出一副盛气凌人的样子，傲视四周，反而对周围的人和事更加谦卑、恭敬、和蔼。

韩信当时所受的"胯下之辱"也是"屈"，当他在众目睽睽之下匍匐下地，从别人胯下钻过去的那一刻，他忍受的不是一般人所能忍受的屈辱，也正是因为这样的"能屈"，他才在最后得到了常人得不到的荣光。南怀瑾先生指出"屈"是一时的，"能屈"是为之后的"伸"做铺垫，为之积蓄力量，小不忍则乱大谋。"屈"不是自卑怯懦，而是一种智慧，进能虚怀若谷，退亦能忍辱负重，只要能做到这般宠辱不惊，又何苦大事无为？君子之心，有大有小，丈夫之志，必须能屈能伸。若是一经挫折打击便无法忍受，从此失去希望，这样的人生何以继续下去？

能伸，是一种身正无畏

能伸，不是目中无人、趾高气扬，在南怀瑾先生眼中，"能伸"不仅是时刻昂首挺胸、身正无畏的姿态，更是一种坚守自我、自尊自强的心态。"伸"与"屈"一样，都是一种成就大事的谋略，从"屈"到"伸"，是厚积薄发的过程，也是不战而胜的权宜之策，展现出一种执着精神和自信之态。

晏子作为使者被派到楚国，楚人得知晏子身材矮小，打算嘲笑一番，就在大门旁开了一个小洞让晏子由此通过。晏子发觉后，拒绝不进，说道："只有出使到狗国才走这狗洞，今天我是出使到楚国，所以我不应该从这个洞口进去的。”于是，晏子便昂首挺胸阔步向前走进了大门。后人都称赞晏子随机应变，聪明机智，赞叹的同时更是佩服他的气节，不辱自尊。南怀瑾先生说，在现实社会的为人处事与交往中，过度的畏惧谦卑难免会受到别人的欺辱、蔑视，只有自己自信，别人才会对你有信心，才会尊重你。

南怀瑾先生自身就是这样，尽管有许多人对他有很多异议，说他对某些解释存在偏差，抨击他离开儒学论坛。虽然在发展道路上遇到了阻碍，但他还是坚持将自己喜欢的儒学之道研究透彻，专注于自己喜欢的事情，不去理会世俗的眼光，这是南怀瑾先生对自己的自信，不会因为别人的三言两语以及某些阻挠就放弃最初的梦想。

“屈伸”涉及到了我们的生存问题：是要世界改变我们，还是我们去改变世界；是任凭生活困扰自己，还是去主动控制生活。世界不断改变着，我们只有让自己变得更强大，活出自己的精彩，才能生存下去。正如南怀瑾先生所说，许多事情看开了，也就是那么回事，也没什么大不了的。不能把自己的自尊吊得太高，如果一个人连自己的生存问题都解决不了，还谈什么自尊。该“屈伸”时大胆去做，尊严需要拥有一定的基础，不是建立在空洞的骄傲上的，我们生活在社会上，把自己放低一些，能屈能伸，放得下脸面，生存的机会还是很多的。

尊其位，重其禄，同其好恶

你必须要给人家足够的待遇。足够还不行啊！超过了足够，他心安理得，他安于其位（职务）了。所以呀，“尊其位，重其禄”。

——南怀瑾

“尊其位，重其禄，同其好恶”出自《中庸》里关于古代统治者治国平天下的一个重要法则，原文是这样解释的：要提高亲族的地位，给他们丰厚的俸禄，并且与他们的爱憎一致，这是用来勉励亲人的办法，是为了亲族能够团结和谐。而南怀瑾先生对这句话有着更深层次的理解，表面上看，是为了维护亲族和谐，其实说的是一个“仁”字。仁是指人与人之间相互关爱、相互理解，而其中最重要的就是爱自己的亲人，这些都是古时的礼仪制度，在家族中可以维系民族稳定，在国家中亦可使民族团结。

修身亲亲族

家族是社会的基本单位，一个人若是能处理好家族的各种问题，那么他在做其他事情时候也很容易成功。南怀瑾先生曾经谈到人的品质，认为尊其位，重其禄，同其好恶，能做到这些的人，都具备了几种优秀的品质：责任、包容、关爱、理解。这些都能够体现一个人的修养。

周朝前期实行分封制，当时周天子为了维系亲族的团结稳定与和谐，实行分封制，将权力分封给家族其他人，亲族、姻亲、功臣以及先代贵族，这是“尊其位”；不仅如此，还给他们丰厚的俸禄，让他们在各自的封国里能够衣食所安，这是“重其禄”；而“同其好恶”，则是与家族其他人拥有一致的喜好，其实这并不是趋炎附势或是什么投其所好，仔细想来，如果一大家族人都有一样的喜好，那么家族的矛盾分歧不就少了吗。这是防止内部纷争的绝佳之策。这样一来，观念就一致，力量也就更加集中。在当时兵荒马乱的年代，亲族的稳定性和延续性就有了保障。这就与南怀瑾先生谈到的仁义道德相互贯通了。

南怀瑾先生在《孟子旁通》里说道：在春秋战国时期，各国诸侯之间霸业不断，都只顾着自己的切身利益，那时候的国与国、人与人之间，之所以谁也不相信谁，就是因为政治道德仁义的衰落，这就是没有做到“尊其位”,“重其禄”，以及“同其好恶”。孟子评论国无气节，士无气节，而诸国之间“断之以战伐为之者”，则是因为当时大部分有识之士没有正确认识到气节的重要性，而这里所说的气节就是南怀瑾先生所说的仁义道德，国与国之间没有最基本的信任、宽容、理解，就连有着血缘关系的亲族都没有了最重要的仁、爱，那当时的社会民心该有多么失望。南怀瑾先生解释说道，当时所说的气节包含着和谐、礼义和信任，是一种为人处世的准则，也就是修身之道，是君子的立身准则，而君子以气节为基础，也就成就了当时儒家的礼义道德，其中的和谐，也就造就了当时的“中庸”，促进了当时各个亲族的团结，使得亲族更加亲近。

而“亲亲族”就是管理好一个家庭和宗族，使得家族更加亲近、团结、友爱。有识之士不仅懂得如何独善其身，更要承担起对家族应有的责任。一个家族是国家的缩影，一个团体是社会的元素，尽自己所能使家族所有人都地位一致，减少等级差别，待遇相等，爱护亲人，同其所好，能把自己的家族和所属团体经营好，这样的人也一定可以把国家治理好。

君子若能“亲亲族”，那就可以管理一个小的诸侯国了。古代知识分子的立身准则的最终目的就是治国，只有小的宗族井井有条了，君主才能让有识之士发挥他们的治国才能。

正所谓“修身、齐家、治国、平天下”，也就正好应了南怀瑾的观点，要想治国平定天下，就要先提高自身修养，做到仁义道德，维系亲族。

治国平天下

说到治国，不单单是君主的事情，也是一个阶级的责任。治国就好比管理一个团体，所以南怀瑾先生曾说，“创业，做个领袖，成功的难处在哪里？在知贤，认得人，这人是不是人才，要看得准，拿得稳”。这里说的人才，其实也就好比身边一个团体的管理阶层，不可能所有的事情都由自己一一经手，此时必须要有得心应手的助手来帮忙打理。

刘邦是历史上出了名的慧眼识英雄。在楚汉争雄之中，论能力，刘邦没有韩信那样统帅千军的军事才能，也没有张良那样深谋远虑的战略才能，也没有萧何那样治国安邦的管理才能，所以刘邦自己分析道：“运筹帷幄之中，决胜千里之外，吾不如张良；镇守国家，安抚百姓，不断供给军粮，吾不如萧何；率百万之众，战必胜，攻必取，吾不如韩信。三位皆人杰，吾能用之，此吾所以取天下者也。”但他仍然是一位智者，因为他对人才有敏锐的洞察力和判断力，知人善任，身边不乏能人异士，有了人才，就已经成功了一半。刘邦胜利的另一个关键点就是深谙得到别人的信任、拉拢人心之道，也就是“尊其位，重其禄，司其好恶”。这句话不单用在亲族之间，对身边的所有人都适用，只是范围不同，目的都是一致的，都是为了维系团结、积聚力量、齐聚人心。

南怀瑾先生认为，对待身边的人和事，不必追求完美，对人对事要有大胸襟，要宽容不苛责。努力让天下太平，社会和谐稳定，民心齐聚，这不仅是贤者的修身之则，更是君主的治国之道。

纵横之道，两大之间难为小

个人事、国家事、天下事的原则是一样的，只有自强自立，才是唯一的生存之道。

——南怀瑾

生活当中，人们倾向于寻求一个强大的依靠，以此获取安全感，然而我们也要看到，在大树庇护下的小树苗是不可能长成参天大树的。这样的道理同样适用于人类，一个人要想成才，得先自立。南怀瑾先生认为，只有自立自强，才能找到适合自己的发展道路。

自立，为自己寻找出路

自立对任何人都非常重要，一个人只有自立了，才有发展的可能。古今中外，多少仁人志士皆如此。世界著名的发明家爱迪生，从小就有很强的自立意识。十三四岁时，为了建造属于自己的实验室常常到车站卖报，还在自家后院里种植蔬菜，收获后拿到市场上去卖，以此筹措资金。他用赚来的钱建造了一间实验室，并在这里产生了无数的发明创造，甚至改变了人类发展进程。爱迪生如果做任何事都要依靠别人，筹备资金、建立实验室均由父母提供帮助，那么可能就会错过最有创造力的年纪，长大后变得平庸无奇，这样世界上就少了一个伟大的发明家。由此可见，自立对一个人的成功是多么重要。

一个人如果不自立，处处依赖别人，那么成功的可能性将大大降低。

球王贝利曾说过:“我能成为球王，而我的儿子是不会成为球王的。”乍一听会觉得此话不可思议，但细想之下还是有道理的。贝利能成为球王，源于他从小养成的自立能力，及对足球事业孜孜不倦的追求。而他的儿子却在父亲的光环下产生了依赖和享乐心理，缺乏自立吃苦的精神，这就决定了球王的儿子成不了球王。

南怀瑾先生在《孟子旁通》中提到，滕文公向孟子请教，滕国是一个小国，东边的齐国和南边的楚国都是超级大国，滕国应该向齐国靠拢，还是向楚国示好？孟子回答说，两大之间难为小，滕国应该加强防御设施，挖深护城河，加厚城墙，全国上下齐心合力，保卫自己的国家，记住要自立自强，不向任何一个大国谄媚投降。如果有这样的准备和心志，一定能有所作为，否则只有亡国。

从国家政治来说，“两大之间难为小”是基本原则，依靠大国，只会越来越弱，最终受制于人，只有自强自立才是出路。做人也是一样的，不自强，不自立，不从自身想办法，整日依赖别人，希望得到别人的同情和帮助来解决困难，最终结果就是让自己变成一个无用的废人。因此，南怀瑾先生认为:“个人事、国家事、天下事的原则皆是一样，自强自立，才是唯一的生存之道。”

为国家民族的未来自强不息

什么是自立？有人会说：流自己的汗，吃自己的饭，依靠自己的力量，这就是自立；不伸手向家里要钱，自己料理自己的生活，这也是自立。然而，这些只是自立的若干表现，并非是自立的全部内涵。

那么究竟什么才是“自立”呢？自立包括了精神上和人格上的独立，仅仅衣食住行的自立，是不够的。南怀瑾先生认为，每个人都生活在复杂而充满挑战的社会里，它瞬息万变，竞争异常激烈。在这样的社会环境中，我们必须有胆识积极参与竞争，从容处理各种人际关系，并且有承受人生逆境的勇气，才能有所作为。

青年人不应只满足于狭隘的生存，整天为了衣食住行而忙碌，而是要有人生目标，为这个世界做出一些贡献，从而实现自己的人生价值。因为对于人类而言，除了生存之外，还要通过劳动和创造实现人生价值，这些价值中包含了自我承受风险与逆境的勇气，在社会上拼搏冲杀的劲头，以及摆脱父母的呵护，依靠坚强的意志克服种种困难，被击倒之后再重新爬起来的毅力。只有具备这样的决心，才能真正地自立。

如果一个人立志成为对社会有用的人，那么自立就不只表现在口头上，还应包括勇往直前的行动力，勇于开拓，不随波逐流，对自己的信念坚持到底。由此可见，自立的本质是一种精神，是为社会创造价值的主观能动性。它不仅包含意志、信心和不屈不饶的心理素质，还包括勇敢独立的行为准则，有了这种精神，才称得上“自立”。

除了个人需要自立以外，一个国家、一个民族主权的保障，也是自立的一种体现，而新一代青年的自立更是国家和民族精神状态的标志。对于一个国家和民族来说，自立有更深刻的内涵，必须把个人同民族振兴、祖国发展联系起来，树立不畏艰难、自强进取的精神，对于自立的人生来说，才有更加深远的意义。

第四章

南怀瑾谈儒学中的说话艺术：

知者不失人，亦不失言

儒家思想中有“一言兴邦，一言衰邦”的明训，孔、孟等大儒都认为，说话艺术会对人际交往甚至国家兴亡产生决定性作用。南怀瑾先生认同儒家思想所说“君子之言寡而实，小人之言多而虚”，话不在多，而在于说得是否准确恰当。大儒朱熹也曾说：“辞达则止，不贵多言。”说话讲究一种用辞达意的艺术，知之为知之，不知为不知，适可而止，过犹不及。

巧言令色，鲜矣仁

什么是“巧言”？现在的话是会吹、会盖。孔子说有些人很会盖，讲仁讲义比任何人讲得头头是道，但是却不脚踏实地。“令色”是态度上好像很仁义，但是假的，这些与学问都不相干。

——南怀瑾

南怀瑾先生认为，在儒家学说所提倡的思想主张中，核心内容就是“仁”，仁的正面表现是孝和悌，而在这里，南怀瑾先生重点分析了仁的反面，那就是巧言令色，花言巧语，工于辞令。南怀瑾先生崇尚儒家思想的质朴无华，反对花言巧语，认为言谈举止应小心谨慎，言而有信，说到做到，不能说话办事由着性子，随心所欲，心存敬畏，方行有所止。也不能光说不做，成为口头上的巨人，行动上的矮子。南怀瑾先生认为，儒家所看重的，乃是人的实际行动，强调言行一致，极力反对心口不一、工于辞令，巧言令色即是不仁。

巧言令色，小人之道

南怀瑾先生多年来深受儒道思想的影响，处处讲求行中庸之道，凡事要不偏不倚，恰到好处，凡事不能不说，也不能多说，说话往往都是点到为止。任何一件事情，说少了，说过了，便会让人觉得不实在，太有心计，工于辞令。常言道“言多必失”。生活中仔细观察不难发现，我们都不喜欢那些花言巧语、油嘴滑舌的人，这是为什么呢，就是因为我们跟这些人在一起相处会很累，只要你稍不注意就会掉进陷阱，即使他们说的天花乱坠，我们也很难有聆听的欲望。这样的人甚至会被认为是奸滑小人。小人之所以称为小人，就因为他们工于心计，心口不一，待人没诚意，只能依靠嘴上的功夫和华丽的“表演”来达到目的。

“君子坦荡荡，小人长戚戚”，一个人若因敢于说真话而得罪他人，那这个人一定是坦荡荡的君子，没有遮遮掩掩，没有恐惧，说话办事光明磊落。我们都知道，那些贪官污吏说话都特别好听，特别会唱高调，他们就是孔子所说的巧言令色之人，且都心怀不轨、八面玲珑。巧言令色、见风使舵的小人均因利而行，如不工于辞令，怎能达到他们的目的？

儒家思想中倡导“仁者无敌”，古往今来，能做大事的人都心胸宽广、仁义道德。仁者都会真诚待人，注重和谐，实事求是。而历史上的那些小人，尽管他们费尽力气地巧言令色，以嘴上功夫迷惑对方，但这些虚伪的手段最终很难让人信服，自己也很难取得长远的成功。

言行至诚方为仁

南怀瑾先生认为，儒家十分注重人的实际行动，言行一致，最忌讳花言巧语，心口不一。这实际上是倡导我们秉着一种脚踏实地的态度，沿着质朴的道路为人处世。现代社会，我们都叫这样的人为“实诚人”，而我们大部分人也都喜欢和这种实诚人相处，为什么呢？现在的社会物欲横流，很多人都多多少少有点小心机，逐渐迷失在这时代的大潮中。但仍有些实诚人愿意真诚待人，说到做到，不夸大，不虚伪，在浮躁喧嚣的生活中，依然坚守自己的底线。我们和实诚人相处很轻松愉悦，不会感到累，因为双方心够诚、够真，注重的是真诚、仁义、实在。

南怀瑾先生曾说：“人啊，生来时不知从哪里来，离开时又不知道往哪里去。来不是自愿，离开，更不是本意。”人生一世，来去匆匆，不过几十年光景，稍纵即逝。生既短暂，为何不放下满心的包袱，丢下虚伪的面具，打开心扉真诚相对，做纯洁本性简单的自己，做个仁者之人?

俗话说：忠言逆耳利于行。古代有谏议制度来对帝王的行为举止进行匡扶纠正，其中这些谏议大臣说话不免刺耳，但往往都是针砭时弊，一针见血。抨击帝王的做法，帝王难免会生气。但是英明的帝王就会想，这些大臣既然敢冒着生命危险来劝谏我，可见他们是忠心。相比之下，那些唯唯诺诺、见风使舵的大臣很难得到帝王的重视，毕竟这些奸臣只会趋炎附势，根本没有顾及人与人之间的仁义道德。南怀瑾先生正是这么认为的，真话往往不好听，但是说话好听的人往往都是虚伪的。

现在的社会，我们需要说真话的人，而不是说话好听的人。好听的话谁都会说，只是说真话的人才能够心安，听到真话的人心里也会感受到人与人之间的真诚。所以，我们要坦荡荡地做一个真诚的人，做一个仁者之人。

弗知而言为不知，知而不言为不忠

孔、孟之道，总是教人忠信，讲话一定兑现，做事一定要有结果。

——南怀瑾

南怀瑾先生在其作品《历史的经验》中这样分析道：我们要注意到，即使不深度研究韩非子，最起码要读一下《史记》中关于韩非子的传记，其中最重要的一点就是再三提到了韩非子说话的艺术。南怀瑾先生认为，人与人之间说话是最难的。从中国几千年来的历史发展进程中，不难看出韩非子是一位真正的智者。在南怀瑾先生看来，韩非子的学说可以称得上是一部浩瀚的政治史。

韩非子主张“不期修古，不法常可”，“世异则事异”。历史在发展，时代在进步，然而韩非子却以自己独特的见解与胆量走在时代的前沿，将自己“弗知而言为不智，知而不言为不忠”的信条成功实践，也正因为韩非子敢说，才得到了秦惠王的赏识与信任。

弗知而言为不智

《论语》有言：“知之为知之，不知为不知，是知也。”意思是说，知道就是知道，不知道就是不知道，这才是拥有智慧的体现。就如同“北人食菱”的故事一样：北人明明自己不懂得吃菱角的方法，却偏偏为自己吃掉壳的错误方法而辩解，还声称菱角在北方的山头上遍地都是，而吃菱角的壳具有清热解毒的功效，简直是可笑至极。所以说，做人贵在自知，要“知”自己所知为几何，“知”自己真正的分量，否则必定贻笑大方。明明不知道还偏偏自以为是地发表议论，这是多么愚蠢的行为。

生活中经常会遇到这样一种人，明明一无所知，却非要发表一番言论，觉得那样才会显得自己很有学问。还有种人恃才傲物、自高自大、自以为是，认为自己无人能敌，能力超群，总一副骄傲自满的样子，听不进去任何人的意见，被自我意识所膨胀，飞扬跋扈，毫无自知之明。譬如被斩于辕门外的杨修，恃才傲物，自作聪明，认为自己对曹操十分了解，于是对其妄加猜想，最终引来杀身之祸。若杨修知道自己该说什么不该说什么，知道自己该站的位置，也不至于落个如此悲惨的下场；还有纸上谈兵的赵括，总觉得自己熟读兵书，天下无敌，但他根本就没有实战经验，且不听取别人的意见，最终只能落个兵败身亡的下场。

人贵有自知之明，自知就是要明白自己有“几斤几两”，不妄自尊大，也不浮夸地标榜自己，认为自己才华出众，能力超群。列夫·托尔斯泰曾说过：“一个人对自己的评价就像分母，他的实际能力就象分数值，自我评价越高，那么实际能力就越低。”其中说的就是这个道理。也正如南怀瑾先生所言，人要有自知之明，一个人只有对自己有一个正确的评价，对自己的能力有一个充分的了解，不要骄傲自满，不要目中无人，这样才是智者。

知而不言为不忠

知而不言，意思是明明自己清楚地知道这件事，却保留不说。《东周列国志》中有句话“若知而不言，是不忠于君也”。韩非子在自己的著作中这样说道：“有些大臣是因为不知道治国安邦的策略，所以不敢进言；而有些大臣心里知道治国安邦的办法，却保留于己不肯叙说给帝王，这就是不忠心的大臣了。”身为国家的臣子，不对君王忠心耿耿，不尽自己的力量为国家进言献策，那就是死罪。国家没有忠心的大臣来提出建议，何以兴盛？南怀瑾先生也非常认同这种观点。

对于帝王的某些行为做法，唐朝年间的朝廷中专设一些谏议大臣，魏征就是其中一位。相传，有一次唐太宗由长安去洛阳，到了洛阳后却很生气，因为当地给他供应的东西不太好。这时各位大臣都不敢说话，只有魏征大胆上前，不紧不慢地对唐太宗说道："隋炀帝灭国的原因想必太宗已经很清楚了，就是因为无限制地追求享乐，搜刮各地供应。而现在太宗若因为供应质量不好就大发脾气，以后必然上行下效，各地开始拼命搜刮，供奉给陛下，以此保证陛下的满意。但是地区的供应是有限的，人的欲望追求却是无限的，如此下去，唐朝就要重演隋朝的悲剧了。"太宗听了肃然心惊，此后一直注重节俭。其实这些道理在场的大臣都明白，知而不言，是这些贪生怕死的臣子的做法，敢于说出来的只有魏征一人，这也是魏征被称为忠臣的缘由。尽管知道说出来有可能引来杀身之祸，但忠臣依旧会冒险劝谏，为的是朝廷的安宁兴盛。

南怀瑾先生认为，魏征敢于直言向皇帝进谏，以此表示自己的忠诚。社会的确需要这样的人，但在具体说话办事时，南怀瑾先生建议一定要对自己的能力正确估量，切勿不自量力，小心物极必反。在生活中，如果自己真的不知道也不必乱说，以免贻笑大方；若是自己知道，明明很是了解却闭口不言，眼睁睁看着对方陷入困境，那也不是君子的做法。

一言兴邦，一言丧邦

一言可以兴邦，一言可以丧邦。

——南怀瑾

《论语·子路》中鲁定公问政于孔子，引发了孔子关于“一言兴邦，一言丧邦”的论述。鲁定公问：“一句话就能让国家兴盛，有这样的事吗？”孔子回答他说：“话不能说得这么绝对，有句话说：‘我做国君没有别的快乐，唯有说什么话都没有人违背我。’如果你说的话正确而没有人违背，那不是好事吗？如果你说的话不正确而没有人违抗，这是可以亡国的。”

在南怀瑾看来，“一言可以兴邦，一言可以丧邦”是建立在古代封建社会的基础之上的，封建社会君权至上，为君者言出法随，所以有一言兴丧国家之说。南怀瑾肯定了孔子的论断，他指出一些能反映国君或正或邪的话语，确实对国家的兴亡有着重要的影响。国君如果真的知道为君不易、为臣不易，必然会发愤图强，励精图治，上下一心，则国家不怕不兴盛；而国君如果不听他人的谏言，专横跋扈，则有可能会导致一言丧邦。

一言可以兴邦

在《论语别裁》中，南怀瑾先生以唐太宗与宋高宗的事例来说明一言兴邦，讲明了在一些情况下，一句话能起到的作用是不可估量的。在历史上，一言兴邦的例子也比比皆是。

战国时期，赵国的赵文王特别喜欢剑术，尤其以剑士们的拼杀为乐。剑士们为取悦赵文王，日夜厮杀，每年为此而死伤者数以百计，但赵文王仍兴趣不减、好之不厌。长此以往，民间尚剑之风大盛，游侠剑客蜂起，随之耕田的人就少了，田园荒芜，国力渐衰，各诸侯国虎视眈眈，赵国危在旦夕。

太子赵悝为此忧虑难安，他召集左右大臣商量对策，更提出如果有人能解决，愿意用千金酬谢。众人都推崇庄子，说他必有良策。于是，太子便派使者带上千金去请庄子。

庄子见了使者，听明来意，毅然推辞了千金赏赐，但表示愿意劝说赵文王。他在三天后随太子面见赵文王，文王长剑白刃相待，庄子不卑不亢，也不行礼。文王见他气宇轩昂，便问："太子介绍您来，有何见教于朕？"庄子说："我听说大王好剑，因此特以剑术拜见大王。"王说："您的剑术有何特长？"庄子说："臣之剑锋利无比，臣之剑技天下无双，十步杀一人，千里不留行。"文王听了，大为欣赏，问道："不知先生要持什么样的剑？长短何如？"庄子答："臣持什么剑都可以。不过臣有三剑，专为大王所用。请允许我先言后试。"大王点头。庄子道："此三剑分别是：天子剑、诸侯剑、庶人剑。"大王好奇相问："天子之剑何样？"庄子道："天子之剑，以燕溪、石城为锋，齐国、泰山为锷，以晋、卫两国为背，以周、宋两国为首，以韩、魏两国为把，包以四夷，裹以四时、绕以勃海，系以恒山，制以五行，论以刑德，开以阴阳，持以春夏，行以秋冬。此剑直之无前，举之无上，按之无下，挥之无旁。上决浮云，下绝地维。此剑一出，匡正诸侯，威加四海，德服天下。此即我所谓天子剑也。"

文王听后，茫然若失，又问："诸侯之剑何如？"庄子道："诸侯之剑，以智勇之士为锋，以清廉之士为锷，以贤良之士为背，以忠圣之士为首，以豪杰之士为把。此剑直之亦不见前，举之亦不见上，按之亦不见下，挥之亦不见旁。上效法圆天，以顺三光；下效法方地，以顺四时；中和民意，以安四乡。此剑一用，如雷霆之震动，四海之内，无不宾服而听从君命。此乃诸侯剑也。"文王听了，频频点头。

文王接着问："庶人之剑又如何？"庄子道："庶人之剑，蓬头突鬓垂冠，浓眉长须者所持也。他们衣服前长后短，双目怒光闪闪，出语粗俗不堪，相击于大王之前，上斩脖颈，下刺肝肺。此庶人之比剑，无异于斗鸡，一旦不慎，命丧黄泉，于国事无补。今大王坐国君之位却好庶人之剑，臣窃为大王深感遗憾！”

这一番话说完。赵文王深有所悟。他马上起身牵庄子双手上殿。命人杀鸡宰羊，好酒好菜款待庄子。文王自听了庄子畅论三剑后，三月未出宫门。自此戒绝好剑之痛，一心治理国家。

我们可以预见的是，赵国好剑之风不改，那么国家可能很快就会被各诸侯国吞噬，正是由于庄子一席话惊醒赵文王，从而一言兴邦，解决了赵国的潜在祸端。

一言可以丧邦

在讲到“一言丧邦”时，南怀瑾先生用楚汉之争的例子来说明，他说楚汉争霸为什么最后是弱势的刘邦赢了，根本原因就是项羽太过自大，不肯接受他人的意见，有时明明知道别的意见是正确的，却又因所谓的“面子”问题不肯接受。正是这种心理导致整个楚军的方向错乱，导致四面楚歌、乌江自刎的凄惨结局。

再往前看一统六国的秦始皇。在公元前 213 年，秦始皇听从李斯的建议，禁私学，焚烧列国史籍，谈论《诗》《书》者处死，以古非今者灭族。第二年，在咸阳坑杀诸多儒生。长子扶苏力谏，秦始皇就把他贬到上郡做蒙恬的监军。两年后，始皇在沙丘驾崩，赵高篡权，改诏立胡亥为太子，逼迫扶苏自杀。又过两年，赵高诬陷李斯谋反，腰斩灭族。李斯一言不仅使天下万马齐喑，使帝国走上绝路，也使自己招致灭门之祸。在历史剧变的瞬间，一些重要建议对国家兴亡起到了决定性作用。更著名的实例，如刘备用诸葛亮策略进军蜀中，终成三国鼎立格局；朱元璋用朱升策略，“高筑墙，广积粮，缓称王”，最终诛灭群雄，一统江山。

在南怀瑾先生看来，一言兴邦、一言丧邦不应只是一个成语故事，更应有巨大的现实意义。现在来说，不管是在什么部门什么行业，作为领导，应该虚心听取下属的意见，甄别良言，不可用权利随心所欲，为所欲为；作为下属，应该服从领导正确的命令，但对于一些错误的意见，也应敢于提出质疑，提出建设性意见，如此才能顺利、和谐地取得成功。

夫人不言，言必有中

当处大事的时候，不要乱说，要说就“言必有中”。

——南怀瑾

《论语》中，有一章节提到鲁国要改建国库，孔子的弟子闵子骞听说这件事后，找到管事的大臣说：“国库保持老样子就好，没什么不妥当的，何必要改建呢？”孔子得知后深以为然，当时鲁国财力实力较弱，财政发生危机，大臣们想要通过改建国库，变革财政制度渡过难关，但孔子认为这种做法会让鲁国更加动荡，所以他称赞闵子骞说：“这个人平日不大说话，一开口就说到要害上。”这就是所谓的“夫人不言，言必有中”。

南怀瑾先生在《论语别裁》中讲到“半部论语治天下”时，就治理天下与为人处事上提到过这个故事，他说天下的事只有渐变，没有突变的，这也是易经中的道理。这是社会发展进步亘古不变的道理，任何突进的、冒失的变革都是轻浮的，难以成功的。这样的道理我们应用到现实中来，做人也应像闵子骞一样。

南怀瑾先生曾在《论语别裁》中说：“孔子说：‘夫人不言，言必有中。’这里的‘夫人’不是太太，‘夫’是起语的‘语助词’，话还没有说出来，先发的声音。孔子认为闵子骞‘訚訚如也’，平常老老实实，不爱说话，但是这次为了国家的利益、大众的利益，他说话了，而且说得很有意义，很对！他一说话，就把握住重点。”我们处于社会中，不管是身在企业单位还是事业单位，不管是在基层还是高层，都应该领悟这样的道理，在最关键时说话、在最紧要处发声。

做事要循序渐进

南怀瑾先生在讲解《论语》时，提到“言必有中”的故事，且大加推崇闵子骞的做法。当时鲁国财政经济发生问题，主管长府国库的人想要变革当时的制度以渡过危机。闵子骞说，制度不能轻易变动，还是沿用原来的制度好一些。如果变更制度，影响比较大，整个社会又要经过一番波动，才能适合新的制度，不如沿用旧的制度。

贸然变革制度而导致整个体系的瓦解，这样的例子在历史上屡见不鲜。

庆历年间，宋代社会积贫积弱，王安石认识到根源在于兼并，封建统治所面临的危局是“内则不能无以社稷为忧，外则不能无惧于夷狄”。因此，王安石在嘉佑三年上宋仁宗赵祯的万言书中，要求对宋初以来的法度进行全盘改革，扭转积贫积弱的局势，并以晋武帝司马炎、唐玄宗李隆基等人只图“逸豫”，不求改革，终于覆灭的事实为例，大声疾呼：“以古准今，则天下安危治乱尚可以有为，有为之时莫急于今日。”他建议立即实现对法度的变革，否则汉亡于黄巾、唐亡于黄巢的历史必将重演，宋王朝也必将走上覆灭的道路。封建士大夫也把治国的厚望寄托于王安石，期待他能早日登台执政。熙宁初，王安石以翰林学士侍从之臣的身份，同年轻的宋神宗议论治国之道，深得宋神宗赏识。熙宁二年，王安石出任参知政事，次年又升任宰相，开始大力推行改革。

王安石变法的目的在于富国强兵，借以扭转北宋积贫积弱的局势，巩固地主阶级的统治。执政以后，他把发展生产作为当务之急摆在头等重要的位置上，而且认为，要发展生产，首先是“去（劳动者）疾苦、抑兼并、便趣农”，把劳动者的积极性调动起来，使那些游手好闲者也回到生产第一线。与此同时，以王安石为首的变法派改革军事制度，提高军队的素质和战斗力，强化对广大农村的控制；为培养社会需要的人才，对科举、学校教育制度也进行了改革，王安石亲自撰写《周礼义》《书义》《诗义》，即所谓的“三经新义”，为学校教育改革提供了新教材。

改革如火如荼地开展起来，然而由于变法触犯了保守派的利益，遭到保守派的反对。因此，王安石在熙宁七年第一次罢相。特别是由于变法的设计者王安石与变法的最高主持者宋神宗在如何变法的问题上产生了分歧，王安石复相后得不到更多的支持，不能把改革继续推行下去，于是他于熙宁九年第二次辞去宰相职务，从此闲居江宁府。宋哲宗元佑元年保守派得势，此前的新法被废除。政局的逆转，使王安石深感不安，当他听到免役法也被废除时，不禁悲愤地说：“亦罢至此乎！”不久便郁然病逝。

王安石明知改革“缓而图之，则为大利；急而成之，则为大害”，却在变法中操之过急。他只认定一个目标，却忽略了在实现这一目标的过程中必然会连带产生的一系列问题。在短短数年间将十几项改革全面铺开，而当时社会的各方面能力都不足以支撑变革，于是变法陷入了欲速则不达的困境。

归其原因，主要在于过于着急，妄想一时间就能使局势焕然一新，却反受其害，功亏一篑。在中国历史上，不论是社会结构还是政治制度、政治结构形态，没有一下子改革成功的，都要循序渐进，徐徐图之。

为人要言必有中

在《论语别裁》中谈及“言必有中”的道理，南怀瑾先生一方面说起社会的变革要循序渐进，另一方面则着重强调做人要把握重点再发声。他说：“当处大事的时候，不要乱说，要说就言必有中，像射箭打靶一样，一箭出去就中红心，说到要点上去。”

《菜根谭》里有一句话:“十语九中未必称奇，一语不中，则愆尤骈集；十谋九成未必归功，一谋不成则訾议丛兴。君子所以宁默毋躁、宁拙毋巧。”意思是说，即使十句话能说对九句也未必有人称赞你，但是假如你说错了一句话就会遭到他人的指责；即使十次计谋你有九次成功也未必能得到奖励，可是其中只要有一次计谋失败，埋怨和责难之声就会纷纷到来。所以有修养的君子宁肯沉默寡言，不经过深思熟虑的话不随便乱说；表情绝不冲动急躁，做事宁可显得笨拙一些，绝对不能自作聪明而害人害己。

言多必失，话一出口，妄下结论，所造成的影响，再有几百句、几千句话也弥补不了。三国时杨修善于卖弄小聪明，凡事都喜欢开口点破，使得本来就疑心很重的曹操十分反感，最终因道破“鸡肋”的意义招来杀身之祸。其实，曹操的意思别人未必不懂，杨修仗着自己聪明，说话不看场合，反误了身家性命。

在现实生活中，我们更应该做到谨言慎行，遇事先考虑三分，不说则以，一说就要切中要害，直中靶心，切勿说的多却一直找不到重点，做人就是要“夫人不言，言必有中”。

仁者，其言也讱

有仁道的人，在讲话的时候讲究慎重，不随便说话，即后世所谓说话忍一点，慢慢来。讲话慢一点，不轻易放言高论。虽说看起来容易，但真做起来却很难。

——南怀瑾

在《论语》中有不同学生问关于“仁”的问题，孔子则有针对性地回答。《史记·仲尼弟子列传》说司马牛性格“多言而躁”。司马牛问怎样做才是仁，孔子则直接说：仁者说话是慎重的。司马牛对此表示不能理解，孔子则解释说，仁是一个做起来很容易，说起来很难的事情，所以在行事的过程中应该慎言，多实践。南怀瑾先生在《论语别裁》中也暗含赞同之意。孔子认为，心存仁德之人，贵在言行一致，言不过于行，若言过行，那么便很难做到“仁”。

“慎言”使职业操守得以立

古语有云：“祸从口出。”很多人因多嘴而招致祸患和灾难。若是能做到“慎言”或许能避免许多麻烦。比如当权者身居庙堂之高，时刻处理国家大事，断然不能随意谈论政事，否则可能会酿成大祸，贻害无穷。

汉成帝时，大臣孔光为官谨慎，不随意与别人谈论朝中大事，即便是与家中亲近之人也只字不提。有一次家人无意间问到供朝臣议事的温室殿旁所种为何树，他却丝毫没有透露，守口如瓶。他明白若是顺势发展，告知他们温室树，便会询问温室事，将朝廷要事做儿戏，供人茶余饭后笑谈，一不小心便会泄露国家机密，酿成大祸。

有这样一个关于县委组织部长的故事。一次，这位组织部长到一家家具厂调研，无意间对一套样式新颖的家具赞叹了几句。没想到几天后，厂长奉乡长之命，将那套家具拉到了部长的家。原来他们自认为是部长在“暗示”，并觉得“心领神会”。又有一次，部长在朋友面前对某某画家所画的山水大加赞赏，几天后，那朋友就把这位画家的一幅山水画轴送给了他。虽说家具和画并没有被接受，但它们真切地让那位新上任的部长“吓出一身冷汗”。几次教训之后，那位部长认识到慎重说话的重要性，为此还在居室高悬“慎言”二字借以督促自律。

“慎言”使生活有道

孔子在《论语》中多次强调慎言，可见慎言对一个人的修身养性多么重要。人们若能做到慎重言语，不仅有助于工作，对心灵、修身亦帮助颇深。

孔子有位名叫子张的学生，因要上任为官，想向老师求得最实用的一句道理，孔子便以“言寡尤，行寡悔，禄在其中矣”告诫，告诉其工作之道。大意是少讲假大空的话，不做心存侥幸的事，就是俸禄所在了。孔子认为要谨慎言语，才能当得起国家所给俸禄。

孔子崇尚周礼，曾专程到周王朝研究考察文物礼仪制度。刘向《说苑·敬慎》记载：孔子在参观周王拜祭先祖的太庙之时，看到台阶右侧立着一个铜铸的人，但嘴有三道封条。而这个铜人的背面刻着一行字：“古之慎言人也戒之哉，戒之哉！无多言，多言多败。”说明这是古代一位说话极其慎重的人，戒掉多言，言语太多则易招惹更多祸事。大概此事让孔子感触良多，所以孔子非常注重“慎言”。后来衍生出的“三缄其口”、“缄默不语”也可见谨慎言语之重要。

当今时代信息传播极快，稍有名气之人其一言一行都受人关注，随便一张图、一条聊表心情的文字都会引起轩然大波，抑或受人非议。他们更应该谨慎言语，不为哗众取宠而发些猎奇之语。即便有人说话很合适，却还有非议诽谤他的人；有人做事非常妥当，也还有人说长道短。

人们每每谈到巨星贝克汉姆，都会称其为行走着的“慎言”代言人。他在接拍广告之前，会聘请一个专家团体对相关产品进行严格调查，并认真检验，看其结果确定自己能否代言。事实上作为公众人物，贝克汉姆的“慎言”不仅是对自己负责任，同时也让公众多了些安全。

当然，近年来社会不“慎言”之现象也层出不穷，尤其是一些社会名人影响恶劣，低俗甚至可以说是恶俗的“口水仗”、“对骂仗”事件屡屡出现。如有的演员利用微博这个传播快速的平台，大言不堪之语，言语侮辱甚至谩骂他人，以致其大多粉丝也纷纷加入扩充行列。这样不“慎言”的名人，不仅其公众形象尽毁，还突破道德底线，社会影响极其恶劣。

就像南怀瑾先生所说，深受古人训戒，讲究仁道的人，说话都是慢慢来，会在心中衡量是否能讲出来，不轻易言，不随意说话，但是只要说出来，便是经过慎重组织的语言。

隐居，则可放言

中国一般知识分子中，走隐士路线的人并不是不关心国家天下大事，而是非常关心，也许可以说关心得太过了，往往把自己站开了，而站开并不是不管。不过所采取的方法始终是从旁帮助人，自己却不想站到中间去。

——南怀瑾

“放言”一词，一说为不谈世事，另一个解释是放纵其言不受约束，而观南先生《论语别裁·微子第十三》可知其是赞成第二种解释的。南怀瑾先生在《论语别裁》中说，中国过去的隐士个性超然独立，是民主政治自由精神的体现。

与印度思想不同，中国隐士并不是隐居了，修道了，更放下一切事务不管。南怀瑾先生为了帮朋友和学生曾研究中国隐士，但是自己却始终不站出来。过去中国隐士倾尽所有才华让别人功成，但自己却身退。

隐居，并非消极逃避

南怀瑾先生认为隐士是在时代不能之时，站开了，但他们并不是消极地逃避。当国家出大事，皇帝群臣束手无策之际，隐士会突然跳出来为他们出谋划策。若事情解决了，他们就挥挥衣袖，云游隐居去也。

《论语别裁》中举了一个非常有名的事例：南怀瑾先生认为明朝朱元璋开国时之所以能够代元而立国，是倚仗几个主张道家思想的隐士的建言献策。正面站出来为朱元璋解决问题的有刘伯温，暗里相助的有铁冠道人、周颠，此类人都是疯疯癫癫地出现，事情解决后又装疯卖傻地离开。虽说此类有功之臣从未在正史中出现，但朱元璋为他们写过传记。

铁冠道人原名张中，当时朱元璋因要打天下，驻军滁阳，召见张中。张中对朱元璋说如今天下大乱，要是命定之人没有出现，是很难平定的。张中认为朱元璋可以大展拳脚，朱元璋问他为什么这么说，张中一一作答。朱元璋特别欣赏张中的贤能，便把他留为营中任事。每次朱元璋出征，张中都能够以观察气色来应和战事。

鄱湖之战时，陈友谅中箭身亡，但两军皆不知情。张中观望云气发现此事，立即奏上朱元璋。并说您若书祭文一封，寄到陈友谅军营，当众朗诵其死因，即可致使敌军士气动摇，我军则可一举获胜。朱元璋依言寄书，陈友谅军队因此崩溃。但张中并未沉迷，在京城几年后，一日忽在大中桥投水而逝。

南怀瑾先生认为隐士可以不干涉现实事，但他们有能力使天下太平、老百姓生活幸福，甚至扶植辅助一人直至天下太平，设想的事情成功了，不接受封官，来去无踪，什么都不要。

隐居，则可放言

南怀瑾先生认为，隐士并不是完全与世隔绝，而是可以暂时保留文化精神，倾其所有，伺机培育下一代。他们能改变扰民、不利民的时政，以便能更好地为国为民服务，。

南怀瑾先生在《论语别裁》中举了一个最有名的例子：唐代王通，其学生在他死后私谥他为“文中子”。在隋炀帝时期，他有志于天下，本想出来单干的，但与隋炀帝交谈后，知道已不可能，就借讲学来培养新一代。像李靖、房玄龄、魏征这些唐代开国元老，全是他的学生。南怀瑾先生提到要说唐代文化思想的开创，文中子可以说是最有功劳的。

南先生指出之所以没有文中子的传记，是因为他得罪了当时非常有名的一位大臣，也就是唐太宗的舅子。此人也算不上坏人，但因文中子在学说思想上与其意见相左，后来修唐史之际，就没有将文中子的思想写进去。但南怀瑾觉得文中子比孔子幸运，虽说孔子有三千弟子，却没有一人成就功业。而文中子却借几十年对弟子的培养，最终开唐朝国运。

有一次，孔子在周游列国的途中，子路和孔子失散，落到了后面，他碰到了一位老人，便上前打听孔子的下落，谁知老人却说“我手脚不停耕作，连五谷杂粮尚不能管理好，哪里顾得上看你的老师呢？”后来子路和孔子会合之后，还说自己碰见了隐士，孔子一听，马上就要子路再回头去拜访隐士。老人虽为隐士，可是却做些农事，虽职业比较卑微，但是却可直言。

不同于儒家的“中流砥柱”，隐士明知时代已不可逆，不勉强自己去挽回。南先生认为人应该有中流砥柱的气概，但是能不能够将水流挽回呢？事实上这只能空留后世忠臣之名，而对社会并不能有所贡献。

孔子曾遇到许多隐士，虽因观念不同，在与他们意见冲突时，他总是无言以对，但是互相了解能让彼此间的交流更加有趣。

君子讷于言，敏于行

> 真正的仁者，不大会说空话，做起事情，行为却很敏捷。换句话说，先做后说，不要光吹而不做。
>
> ——南怀瑾

孔子在《论语·里仁》中说到“仁”的重要性。南怀瑾先生解释道：“讷”，是嘴巴好像笨笨的。只有不讲空话，做事敏捷才称得上真正的仁。

南怀瑾先生认为行仁的人，一般不轻易发言，不轻易答应。但真正做事时，会认真对待。

君子讷于言

老子在收束《道德经》时言：圣人之道，为而不争。巧言令色并不算真正的才能，不轻易争辩，默默做事才能担得起圣人君子之名。

《道德经·第八十一章》中的“善者不辩，辩者不善”，说的是真理不需要时时刻刻去争辩的。一天到晚不停争论，也不一定能够将真理辩出来。不管是怎样的真理与正道，只有用心去实修，才能真正领悟。

事实上，真正有能力的人不需要与别人辩论，更不会只依靠言语上的胜利说明自己的正确，不管有多少流言蜚语还是恶意诽谤，他们都能用行动够证明自己的清白。

吴汉是东汉名将，不太会文辞作赋，但是沉稳勇猛有谋略。他追随光武帝刘秀南征北战，立下汗马功劳，官至大司马。吴汉对刘秀非常忠心，每每和刘秀出征，均在旁守护。诸将只要见占据不利，大多是惶恐惊惧，没有了平常的气度，但是吴汉却神色如常，整顿军队，激励战士，振奋君心，使之迎战。吴汉打仗从不怕输，百折不挠，但在朝廷上似乎变成了另外一个人，“斤斤谨质，形于体貌”。他从不口头上为自己邀功，但深得光武帝器重。

从不高谈阔论，不对他人评头论足；真诚待人，与人为善；遇到磨难忍辱不辩，才是正人君子之所为。

唐朝名将李靖，精通兵法，是战场上的常胜将军，唐太宗李世民也常常与他切磋兵法。但李靖并不能言善辩，史书称其“性沉厚，每与时宰参议，恂恂似不能言”。李靖性子沉稳，每每参加议政，意见少得就像是不能说话。

梁武帝时的名将冯道根，为人严谨敦厚却有些木讷，在战场上能攻能守，屡建奇功。但每场战斗结束后诸将争功之时，冯道根却总是沉默不语。冯道根不为自己争赏，但梁武帝却将他的功劳看在眼里，提拔他为豫州刺史。

君子在言语上一般不会与人过多地争辩，但是对这世界有着自己独到的见解。面对不同的状况，真正聪慧的人会根据状况进行变通。

海纳百川，敏于行

南怀瑾先生说，世界上的事，世界上的人，甚至于宇宙万物，没有什么是永恒不变的，要时刻谨记宽容变通，海纳百川，有容乃大。任何的事和人都是在不断变化的，我们不能固执地看待问题。

君子总是能将自己的想法很好地施行，他们的智慧与《易经》不谋而合，而且会适应变易。道理平常人都明白，但实行起来却有很大困难。不仅需要广博的胸怀，还需要宽容的心态。

君子想要行动敏捷，出手必中，首先要做好准备，或者早就在心里有计划，若是对环境没有一定的适应能力，是无法做到的。

广东人以实干务实著称，“不唯上，不唯书，只唯实”。在“务实”这方面，广东人还有一个典型实例：在“姓社姓资”争论甚嚣尘上之时，有人曾问一顺德人：“你说社会主义好，还是资本主义好？”顺德人以实干精神巧妙回答：“我们现在所做的如果是社会主义，那就是社会主义好；如果是资本主义，那就是资本主义好。”这与上面一例倒是有异曲同工之妙。时势会变，行动相应地也该有所调整。

事实上不论是人生的修行还是一般的社会活动，都不能只立下大誓言而没有具体的实际行动，而应脚踏实地地去做。

忍辱不辩的人往往都是在埋头认真做事，有着一颗与世无争的心。与此相反，那些天天与别人争辩论证的人并不是真正有能力的人，尽管他们在与别人辩论时表现施展自己的能力，但是真正行仁的人不需要用花言巧语去赢得别人的赞同，空谈而没有实际行动的行为将一事无成。

第五章

南怀瑾谈儒学中的学问之理：

深者不觉其浅，浅者不知其深

儒家对学问之道有独特的见解，孟子认为：“学问之道无他，求其放心而已矣。”儒家思想认为，仁是人的本心，义是人的大道。如果放弃大道不走，失去了本心而不寻求，那就是最悲哀的事情。所以学问之道没有别的什么，不过是把失去的本心找回来而已。南怀瑾先生对此深表赞同，他认为：“我们每个人本身知、仁、勇、信、直、刚的因素都具备了，不过还要从这些地方，用心涵养，这就是学问之道。”

做学问，吾日三省吾身

你们光晓得敲个木鱼，不去参究，那有什么用？念经要一边念一边参究才是功德无量，否则你念经与念石头没什么两样。

——南怀瑾

曾子是孔子的门下弟子，孔子为了不让自己的思想失传，所培育的学生都是年轻人，曾子比孔子年轻 46 岁。曾子在当时的学生中是属于那种老实且反应慢的人，但到最后还是嫡传了孔门道统。后来，曾子根据《礼记》中的一篇而著有《大学》，将孔子的思想继承下来并发扬光大。孔子的孙子子思所著的《中庸》是向曾子学的。所以，南怀瑾特别强调，不能说《大学》与《中庸》代表孔子的思想，而是孔子思想的演化之物。这两本书一直到唐宋时期才变为四书的一部分。

学而不思则罔

世界上有两种学习方法是最愚蠢的，一类是学了不思考，一类是思考了但却不学习。南怀瑾认为有些人有学问，却没有善于思考的大脑，就等同于迂阔疏远，变成不符合现实的“罔”，只能当个学者教书，做个有学识却没有真思想的人。而另外一种人，他们有自己的思想，也有先天的资质，但是没有学问的历练，以为自己很厉害，靠着天赋异禀进行自己所谓的创作，结局只能是损人不利己。

“纸上得来终觉浅，绝知此事要躬行。”南怀瑾认为，人一出生就不停地在学习，但是学习过程不能只有形式和文字，还要用心去感悟和实践，这样才能真正学到知识。做学问的目的不只是获得知识本身，我们还应该学会思考与反省，合理运用自己所学的知识走好自己的人生之路。

在《论语·学而》中，曾子说他每天都会用三件事来进行自我反省：一是承诺别人的事有没有尽力完成，要点在于“忠”——指对人或事都要尽心尽力地去做，如果承诺别人的事没有做到，耽误了人或事，这便是“不忠”；二是和朋友交往时有没有做到诚信待人；三是老师传授的为人处事的道理，有没有认真思考、感悟和实践。

这便是“吾日三省吾身——为人谋而不忠乎？与朋友交而不信乎？传不习乎？”

曾子这三点看似简单，然而当我们进行实践时才知其艰辛。曾子所说的就像三面镜子一样，检验自己，用反省洗涤心灵。

正己而后正人

做学问，除了要有个人修养，还有其他的要求，上面所说为做学问的内涵，接下来便扩展开来，说说做学问的外延用法。

孔子认为君王治国除了自身修养要完善外，还需要关注仁、义、礼、智、信这些方面。

在《卫灵公》中，孔子说：“知及之，仁不能守之，虽得之，必失之。知及之，仁能守之，不庄以涖之，则民不敬。知及之，仁能守之，庄以涖之，动之不以礼，未善也。”孔子的意思是人靠自己的聪明取得地位，没有仁德会失去它。有了仁德，但没有用认真的态度治理国家，不会得到百姓的尊敬和爱戴。有了认真的态度，但不用礼义教化百姓，是不行的，所以治理国家对君王的要求是很高的。

“国”字，在秦汉以前到汉代初期并不是国家的意思，那时的“国”

与“邦”都是地方政治单位的名称。

孔子在《尧曰》中认为君王治国的重点：一是宽厚、诚信、勤敏、公允，对应的就是民、食、丧、祭。在上位的人宽厚就会获得民心，能守信民众就信任他，能勤勉做事就能取得成功，处事公平人民就会高兴。二是“节用而爱人”。节用的对象是经济，经济政策要节省，而且节省的目的是为了爱人，不是为了自己。三是“使民以时”。这里的“时”指用人时间，把握好用人的时机和适可而止是重点。这个和《孙子兵法》中的军事思想是一样的。

例如：属下生病了，但是长官不闻不问病情，反而还责骂属下，这便是“不爱人”。不懂得掌握“时”，对人在道德上要知道“时”，并且恰到好处，才能让你变成人心所向的王者。道德修养也是一门学问。

再看孔子如何教导自己的儿子。孔子的儿子叫做孔鲤，孔鲤的母亲去世了，孔鲤守丧。丧期过了，他还在那儿哭。有一天孔子听到有人在哭，就问：“谁在哭啊？”学生告诉他：“是伯鱼，在哭他的母亲。”

孔子把儿子叫来，告诉他：“丧期已经过，你应该回归正常生活了，你天天这么哭哭啼啼的怎么回事？表达孝情不能太过啊。即使对于母亲的哀悼之情也要适可而止。”伯鱼听了父亲的话，也就不再哭了。

由此可见，做学问不仅是学到知识那么简单，还需要思考与反省自身，在实践中获得学问，完善自己后才能去完善身边的人和事。孔子认为人们应该在世界上寻觅到与别人的契合，在这契合之前我们应该寻求自身的完善。所以，人们能够时常感觉到人与人性以及历史社会的使命。儒家以仁为道德基础，人在形成人格的过程中也形成了博爱的集体意识，由集体意识引起个体反思。所以，儒家对个体人格的追求是在集体完善中达成的。

享受寂寞，为学问而学问

人生最高的享受是寂寞，不懂得寂寞的享受是没有用的。

——南怀瑾

南怀瑾认为真正做学问的目的是——为了学问而学问。孔子在《论语》中曾说，君子做人做事，知道哪些事可以做，哪些事不可以做。应该要做的事，牺牲生命也要去做；不应该做的事，无论如何都不能做。这便是“君子有所为，有所不为”。所以，做学问也是一样的道理，为了学问而学问就必须做好寂寞一生的准备。

孔子的人生是寂寞的，他到处碰壁却还是没有放弃。其实，孔子在当时是有夺权的能力的，他的三千门下弟子每个都是国家的精英，只要孔子愿意，便能凝聚起强大的力量。但孔子依旧选择一生穷苦寂寞地走教育路线，因为他明白能真正让社会变得安定的，只有文化思想的影响，在当时称作“德性”。所以，做学问要坚定，为学问而学问，不惧怕寂寞。中国有句俗语可以形容像孔子这样有勇气的人，那便是“拿得起，放得下”。对自己的心要决断，说放下就放下，但这不能是抑制性的，因为对身体不好。只要有被抑制的情绪就要找个方式把它排解出去。现代有很多人喜欢去 K 歌和跳舞，这是因为现实生活中压力过大，他们需要找个方式解压，但是他们回到家，凄冷的情绪还是会出来。这时，如果能做到放松到空灵的世界中，那便极容易解脱出来。

智慧是在宁静中产生的

南怀瑾说，人们在生命中经常忘记了静，都是喜欢用动态去消耗自己。殊不知，把身心全部沉淀和安静下来时，在平静中思考问题反而更有效率。宁静的心灵是一种高尚的境界，曲高而和寡，宁静之时便是寂寞之时，用自己的平常心去看待得失与成败，善待寂寞才能获得宁静的心灵与智慧。

法国有一位侦探小说作家乔治·西默农，他进行创作时，就让自己在一个安静的环境中与外界隔绝。他不获取任何外界的信息，不看报纸、不看来信、不接电话也不见来访的客人，就像一个苦行僧一样生活，他大概用十多天的时间完全沉浸在创作小说的环境中，最后总能写出一本畅销的小说。毫无疑问，在宁静中更能产生出更多的灵感，让自己的才能得以体现，让大脑富有创造力。

在安静的环境下人们所获得的感受，是一种安静的舒服感，身体的每一个细胞都得到了释放，所有的痛苦和烦恼统统消失了。这便是寂寞的感受，用金钱没有办法买得到的。当人们处在空灵的境界中时，人与自然融为一体，这对身体是有好处的；当身体全身心放松时，脑神经也在休息，这样人就康健长寿了。

做学问的道路很漫长很孤单，可能一辈子遇不到一个知己，遇不到一个懂你的人，但孔子认为只要是学问，那便会有知己。他也就有了“有朋自远方来，不亦乐乎”的感慨，这里的“远”指知己的难得。中国人常说，人生中能得一知己，即便是死也没有什么遗憾了。每个人在人生中都会遇到许多人，有伴侣、有孩子，也有父母，这些人长伴你左右，但却不一定是知己，不一定完全了解你，能和你一样做学问的人，更是很难得。但孔子说，不要去惧怕没有人知道有你这样一个人，因为渐渐地就会有人知道，或许这知己在另外一个时空地域赞赏着你。就好比孔子，孔子的思想一直到汉武帝时期才兴盛起来，董仲舒与司马迁都很赞赏儒学，这期间相隔了五百多年，孔子也就寂寞了五百多年，但孔子有乐观向上的积极态度陪伴着他，善于享受寂寞也使得他的儒学思想逐渐深入人心。

得失荣辱不由人，苦乐全于自己

孔子在《论语》中说到，做学问的人可能一辈子没有人了解他，但就算这样，也不能怨天尤人。这便是“人不知而不愠，不亦君子乎”，其中的“愠”便是抱怨。抱怨自己怀才不遇的例子有很多，孔子在《论语·学而》中说道：“不患人之不己知，患不知人也。”他告诉人们，不需要因为别人不了解自己而忧虑，若一直困在自己的抱怨与“怀才不遇”中，会变得更加消极，还会加深人们对你的错误看法，影响自信心。而且，人如果真的做到了为学问而学问，那么他就会多问自己为什么，对自己进行一个反省，也就不会怨天尤人了，这才是真君子，也是人生哲学历程的开始。

曾经有一个青年，在毕业后一直找不到理想的工作，他觉得世界上已经没有“伯乐”来赏识他这一匹“千里马”了。他很绝望，于是跑到海边想要自杀，却被一位老者救了。后来，老者在沙滩上捡起一粒沙子，然后丢下，让青年把它找出来。青年说：“这不可能！”老者什么都没有说，从口袋中掏出一颗珍珠，又丢在地上，然后对年轻人说：“现在你能把它捡起来吗？”“能！”“你想通了吗？现在的你还没有变成珍珠，所以你不能要求别人认同你。只有你自己将自己磨砺成珍珠后，别人自然会发现你。”

简而言之，在做学问的过程中要学会自得其乐，接着才是“后天下之乐而乐”。中国古代的读书人很重视“慎独”的修炼，据说修炼时间长了，就会达到“寂然不动，感而遂通”，达到“极乐”的境界。春秋时期，孔子就说过“古之学者为己，今之学者为人”，强调读书的目的，应是为了找到自己的快乐，而不是要炫耀才华。然后和朋友交流、学习后，两个人的学问均得到长进，这便是两个人的快乐。

追本溯源，探索历史与文化的关系

凡事追本溯源，找到事情的原始起因，才能把事情做好。

——南怀瑾

南怀瑾认为，我们想要掌握事物的结果时，应该追溯它们的远因。可以引用佛家的一句话："菩萨畏因，凡夫畏果。"这里所指的"菩萨"可以等同于儒家的圣人，圣人的观念也是很重视促使人开始从事某种活动的念头。做什么事都要慎重开始，想要有好的结果就要有好的开端，这是成功的一半。虽说要追根溯源，但研究中国文化不是开返程车，我们应当用最新的理念去解读它，追寻它的根，这样可以起到承先启后、继往开来的作用。朱熹有两句诗："问渠哪得清如许，为有源头活水来"，我们能够回到国学的源头，然后才能继续文化的传承和发展。

文化传承，表里兼备

中国传统文化的根源精髓为儒、道、释三家，它们是华夏民族文化的三个分支，将中国的学术与文化的命脉串联在一起。它们倡导治心用佛、治世用儒、治身用道，佛家认为"万法皆空"，儒家倡导"仁礼安邦"，道家则是"无为而治"。

在这些文化传统的历史演变中，我们可以看到一个国家与民族的建立，必须表里兼备，而追溯历史的重要性，就是让后人明白，一种文化之所以可以传承千年，必定文质并重，而不是重视某一方面，忽视或废弃另一方面。

一天，孔子对他的儿子孔鲤说：“君子不可以不学习，和别人见面不可以不打扮自己，仪容不整洁是对别人的不尊重。对人不尊重就是失礼，失礼就不能立于世。有些人只要站在那里就显得光彩照人，这样的人仪容整洁，和别人接近时，会让人的心变得清澈通亮。”

孔鲤听完后，问：“但是父亲您常说，君子只需要保持内在的好本质就好，不需要讲究外表不是吗？”

孔子答道：“外表与内在是一样的，文质彬彬才是成为一个君子的要素。如果一个人只注重内在质朴，缺乏外表的修饰，会显得粗野、粗俗。但一个人也不能太注重外表，修饰多于内在修养的话，会变得虚伪与浮夸。经常巧言令色，假装自己很和善，这样的人很难有仁德。只有质朴和文采两方面一起配合，这才是好文章，只有外表和内在兼备，才称得上是个君子。”

这里讲到孔子的观点，历史文化的传承与个人发展是一样的。如果质朴超过了文采，就会粗野；如果文采超过了质朴，就会浮华。文采和质朴相辅相成，配合恰当，做人便是君子，而对文化而言，经过历史的淘汰，才能成为经典。

南怀瑾先生说，“吃水不忘挖井人”，每个人都应该在生活中存留感恩之心，铭记前人留下的智慧与教训，将历史当做一面鉴身之镜，从镜中能看见过去，也就可以看见未来。

过去之事不必掀开

历史都是过去，我们吸收的只是经验，不是倒嚼过去之事。希望永远在未来，没必要凭吊往事，更不必将以往之事反复掀开，否则就是自寻烦恼。目光放到将来，才是明智之举。

朱元璋出身贫寒，登基做了皇帝之后，许多以往的穷哥们到京城找他，以为朱元璋会看在昔日一起受苦的份上，给他们封个官当当，最差也会给些钱财。有一个跟他一起长大的穷乡亲，千里迢迢从老家走到京城，费尽周折终于进宫面圣。当时文武百官都在场，这个穷乡亲大声嚷嚷道："朱老四，你当皇帝真威风，当年咱们俩一起光屁股长大，你干了坏事，总是我替你挨打。今天你当皇帝了，怎么也得给我封个将军吧。你还记得有一次咱俩一起偷豆吃，你吃得太急，豆子卡进嗓子眼，是我帮你弄出来的，不然你早就死了，还能活到现在当皇帝？怎么样，是不是应该赏我万两黄金？"穷乡亲还没唠叨完，朱元璋一声令下，命人将他拖下去砍头。这位穷乡亲到死都不明白，为什么当初一起长大的好哥们，没给他封官论赏，反倒砍他脑袋。

朱元璋另有一个很勇武的朋友名叫田兴，得知他当了皇帝之后，赶紧躲得远远的，经常在地方上打虎救人，名声传播在外。朱元璋一听说他的朋友是打虎英雄，连忙召见他，想封一个官位给他，写诏书的时候还担心田兴看不懂，于是亲自动笔写白话文，说我们曾经是好兄弟，你不要以为我当了皇帝就不要朋友了，咱们兄弟见面，还像当年放牛的情形一样，你看我不顺眼也可以骂人，我都不会介意。

朱元璋的故事表面上看来是针对过去，但实际上他看重的是未来。前面一个穷乡亲只想着贪图财力，又没有半点本事，以朱元璋过去的交情相要挟，却不知道时过境迁，今非昔比，以往的事情不必翻开重说。穷乡亲以当年之情跟朱元璋叙旧索官，却忘记了如今的形势，皇宫里住的不是朱老四，而是开国皇帝朱元璋。后面一个朋友田兴，虽然曾经也与朱元璋有交情，但他深知世事已变，不可能跟皇帝谈过去的感情，因而宁可避开他。但他有胆有勇，虽不是官员，却深受地方百姓的爱戴，对江山社稷大有用处。这样的人才，朱元璋当然要重用，但担心他不肯出来做官，因而拿出当年的兄弟感情来打动他。

因此，一个人的记忆永远留在过去，就是一种自欺欺人的活法，如果见人就说“想当年，老子如何如何”，“想当年，我跟某某名人是同学”，活在历史当中难以自拔，就没有机会创造未来的新生活。

从历史中冷眼观盛事

中华五千年的文明历史，有辉煌也有坎坷，就像一个人的生活一样，不可能一帆风顺，每时每刻都有经验教训，指导后面的人生道路。以史为镜，避开前人所犯过的错误，就会减少很多烦恼，也会消除许多迷茫。

唐代魏征曾经写《谏太宗十思疏》，提醒皇帝要“居安思危，富而不骄”，国家强盛之后，如果一味地沉浸在歌舞升平当中，好日子不会过得太长。唐太宗谨记这些建议，因而有了贞观之治。但是到了他的后代唐玄宗李隆基当政，最初 30 年天下太平富足，经济极度繁荣，大唐盛世走向鼎盛。但是玄宗放松了警惕，后期不理朝政，迷恋杨贵妃，导致政治腐败，终酿成“安史之乱”，大唐盛世一去不复返。一个时代国家的盛衰虽然不能归咎于帝王一人，但帝王的喜好会影响整个社会风气。唐玄宗不思进取，专设梨园，歌舞升平，娶了儿媳妇进后宫，做了一个反面的“榜样”。因而百姓也都骄奢淫逸，道德败坏，使得整个社会陷入衰败之象。

南怀瑾先生认为，历史的功能就是让我们时刻警醒，“历览前贤国与家，成由勤俭败由奢”，这是历史经验和规律。身处和平时代的人们更要保持清醒的头脑，有居安思危的意识，保持冷静态度，从历史中吸取经验教训。

自幼诵读，明心明目

> 当年我读四书五经，都是要背的。小朋友们要放学了，心里高兴，一边嘴里唱着一边你推我一下，我推你一把的。这样读书，心里会记住，一辈子忘不了。想起来的时候心里默念一下，其中的道理就又琢磨了一回。
>
> ——南怀瑾

在古时候，对于孩童的教育都是让孩子们读经典书籍。自从五四运动后，我们的思想受到了新的影响，大部分人对于“读经”都很反对，有些人不仅反对读经，对于中国传统文化也持有反对意见。而南怀瑾先生则把读经称为“中国文化断层重整工程”，这个工程中含有“儿童智德启发”与“儿童智慧开发”两大方面。

南怀瑾先生认为，培育新一代的人才，不仅要让他们学会背诵诗词，还要让孩子学习经典中所传达的精神，开拓视野，达到自我完善的境界。在他看来，经典书籍是贮存人类世代相传的智慧的宝库。孩子只有多读经典，才能继承和发扬前人的智慧，长大之后成为有用的人才。

经典要自幼诵读

大部分人对诵读古代经典书籍抱有错误的观念，认为所谓的诵读经典，其实就是背诵古代的书籍内容，认为这样的读书模式会培养出许多书呆子。南怀瑾先生指出，其实这样的话过于武断，也是错误的。中国古代虽有“百无一用是书生”的说法，但只是讽刺某些读书人的无能，对于人类智慧的积累和继承来说，读书是天下第一的益事，是获取智慧的捷径。只有自幼多读书，才可在成长的过程中将书籍中的智慧化为己用，在生活中指点迷津，少走弯路。

古往今来，把读书当做好事的事例不胜枚举。宋代文学家、政治家范仲淹自幼丧父，家中很穷，但他对学习知识极其渴望，曾说：“家贫志不移，贪读如饥渴。”他去应天府的南都学舍读书，白天、深夜都手不释卷。五年之中，晚上睡觉从没脱过衣服，有时夜里读书感到昏昏欲睡，就把冷水浇在脸上让自己清醒。范仲淹白天苦读常常忘记吃饭，直到黄昏日头偏西才想起要吃东西。就这样，他自幼博览群书，学养极高，并立下了造福天下的志向：“当先天下之忧而忧，后天下之乐而乐。”长大之后成为宋代著名的政治家和改革家。

秦始皇手下有一位声名显赫的将领叫蒙恬，他虽自幼习武，却也遍读经书和兵法，长大后做将军带兵打仗，仍不忘记随身携带书籍，空闲时读书抄经。据说当时还没有真正意义上的毛笔，要想在竹简书籍上题写文字很不方便。蒙恬为了在行军中读书写字，就机缘巧合地发明了毛笔，方便随身携带，随时抄写经书。

著名学者季羡林小时候，家里很穷，连买《百家诗》《千字文》的钱都没有。后来被叔叔带到了济南上学，季羡林到处向人借书看，经常看的津津有味，忘乎所以。如果书籍非常经典，让他爱不释手，他就将整本书背诵下来，烂熟于心。正是少年时对书籍的执着，使得季羡林有机会博览群书，增长见识，为日后的学术研究和写作打下了基础。若是那时他没有阅读积累，或许后来不会成为国学大家，也不会有流畅通透的文笔。

南怀瑾先生说，古人读书时多是一边背诵一边抄写，也有一些人将经典刻在石头上立碑，让后人世代传承。所以，在古时候，人们背诵的书籍都深深刻印在脑海中，想忘也忘不掉。书籍中隐含的许多道理也进入了他们的骨髓中，读得越多，影响就越大，心性修为也会在不知不觉当中提升。

南怀瑾先生也曾说过他自己，小时候读书全凭背诵，他说自己的记忆力和一般人是一样的，只是愿意在背诵方面下功夫，所以他记的东西就比别人多，说起话来引经据典，知识渐渐变得渊博起来。等到长大之后，他上课时几乎不带书，因为书的内容他都可以背出来，只要老师讲到相关的知识点，他就会想起来，这就是他背诵书籍所得来的学问。

熟读经典，耳濡目染

南怀瑾先生说，我们现在会发现，当年龄越大，人记东西就越难。幼儿园的小朋友背四书五经，很快就记下来，并且背了出来。但如果让一个成年人去背诵，就没有那么容易了。

南怀瑾先生非常赞同，读书教育应当从娃娃抓起，让孩子们熟读经典，耳濡目染，将经典书籍的道理融会贯通，成为生命的一部分，长大之后就能躬身力行。从“五四运动”到现代，有人说背诵书籍是不对的，背诵并没给中国的教育带来令人信服的成就。中国现代教育受到美国实用主义教育家杜威思想的影响，鼓励探究与创新的教育思想，从孩子的天性出发，促进孩子的个性发展。杜威教育思想注重实用性，掌握知识点即可，不讲学问，更不提倡完整背诵。正是因为如此，现代人的教育理念注重实用性，孩子们所学的知识越来越多，范围也越来越广，而古人提倡的学问精深就变得不那么重要，这样一来，孩子们在学识发展上出现了障碍，甚至思维与行动方式也变得十分杂乱。

南怀瑾先生看到了现代教育的弊端，因而提倡让小孩子自幼诵读，才能明心明目。小孩子背书一般来说是很轻松也很开心的，当大脑集中注意力在一件事情上，思维方式也会发生改变，神经系统传导的脑电波就会变得集中，然后大脑控制身体机能稳定了，人也就变得神清气爽，长此以往，人的思想与行为都会变得更有规范性，人也会更加理性。而当今社会许多人的大脑是杂乱的，做事无法专心致志，记忆力和智力也停滞不前，这都跟没有经过诵读训练大有关系。《大学》上说："知止而后有定，定而后能静，静而后能安，安而后能虑，虑而后能得。"正是这样的道理。

宋朝时期，有一位名叫赵普的宰相，说："我以半部论语治天下。"

他家境贫困，小时候没有办法念书，在他五、六岁时，只背了论语的一半内容。后来，他为了生计还曾想去当兵。

直到他当上宰相，小时候背下来的论语竟然派上了用场。他的那句话，是谦虚之词，他一生并不仅仅只读了半部论语，他只是在强调儿童时期读书的基础很重要，从小背下来的知识应用到了。所以，"半部论语治天下"的道理就在这里。

南怀瑾先生在读《论语》时，也曾说过，他觉得自己好像和仲尼融为了一体，在这潜移默化之中，自身的德育得到了改善，自身的精神境界也得到了提升。南怀瑾先生说："常有人问我，为什么能有这么好的学问，我都实实在在告诉人家，这都是我十三岁以前熟背这些古书的效果。"所以，我们诵读经典要从娃娃抓起，孩子们诵读经典或者是进行智力开发，都是为了在长大后变成更好的人，也是为了中国储备道德与智慧兼备的人才。

学问，乃功名之外的深意

我从小什么都爱读，到现在我近九十岁，对自己的生活、求学努力的程度，同十二岁时没有两样。没有一天不求知，没有一天不读书。

——南怀瑾

古往今来，求学的目的真正是为了学问的人太少，学习为了提高自己的修养，追求学问的脚步的人已经不多。南怀瑾先生认为，不是谁都能为了追求自己心中的真理而去求学，为了学问甘心放弃荣华富贵，做到安贫乐道的人不是没有，但也是极少数，这样的人多半会成为一代学问大家。比如一代思想家孔夫子，他在活着时日子过得很清苦，但去世后，他的思想对后代影响极为深远，直到现代仍有许多人推崇他的思想。所以说，孔夫子是那个时代真正求学问的人，他把别人谋求功利的时间和精力都用在学问上，最终成为卓越的教育家和思想家。

做学问的功利性

孔子讲学问，主要是在劝学，让学生们不要只为俸禄。一般来说，学习好了，俸禄自然而然就有了，学问在俸禄之前。所以，子曰：“三年学，不至于谷，不易得也。”当中的“谷”字的意思为“俸禄”，也代表了功名与利禄。经历了三年学习的人，没有变得骄傲自满，不拿自己所学的知识在别人面前显摆而且不一心钻营的人，是非常难得的。

宋代皇帝倡导天下人读书，亲自写下《劝学文》：“书中自有黄金屋，书中自有千钟粟，书中有女颜如玉。”明明白白告诉天下学子，你多读书，就可以取得功名，取得功名就能当官，当官了就能发财，娶得娇妻美妾。用10年的时间去闭门苦读，功成名就后可以不愁吃穿，还有美人相陪。正是因为这样的利诱，读书做学问的目的变得不纯粹，人们多是为了功利去做学问，因为只要获得功名，一切物质条件都会变得好起来。

这种思想一直影响到现代，而且愈演愈烈，现代人从小学起就为了考上更好的初中、高中与大学，而考上名牌大学的目的不是获得更多的知识，而是为了毕业后有一份待遇不错的工作，赚到更多的钱，享受更优越的物质生活。因此，现代人读书学习的根本目的，与渴望物质生活得到提升息息相关，如果学历和文凭不与工作挂钩，相信许多人都不愿意花时间去读书，更别提做一些精深的学问了。

有人曾经对大学生的读书情况进行了解，发现很多学生的书桌上放的多是经济、外语、计算机之类的书籍，国学和文化方面的寥寥无几。

调查者问他们：“我看到你们桌上有很多经济、外语、计算机的书籍，请问你们喜欢这一类书籍吗？”

一位学生回答说：“不太喜欢。”

调查者接着问：“那么你们为什么阅读这一类的书籍呢？”

学生笑了笑说：“因为读这类书可以找到好工作。像现在社会上，人人都需要掌握计算机技能，还有很多企业要求外语能力，如果懂一些金融和经济方面的知识，应聘时就更占优势了。”

调研者问：“文学、国学、文化方面的书籍不是也很重要吗？”

学生摇头说：“那些都是闲暇时消遣的书，一点实际用处也没有，谁有时间去读那些？”

南怀瑾先生对这样的读书功利主义十分忧心，他认为当今社会的人读书学习都处于盲从状态，看到别人学什么或说这个有利于就业，就去跟风。根本不关注自己到底需要什么，甚至连本身要培养的素质都可以无视，只注重提高实用技能，对培养人格精神的书籍不感兴趣。

南怀瑾批评为功名利禄读书的思想，他认为读书做学问是为了寻求知识，开拓视野，提高精神境界，对于一个思想健全的人来说，这些比学历和金钱更为重要。某种专业技能能够让人们在工作上优先于人，但是无法让人在道德和精神上获得提升。因此许多人一生追名逐利，有一份薪水很高的工作，过着让人羡慕的高品质生活，但他们的精神世界却十分空虚，生活中也感受不到幸福和快乐。

忙里偷闲，苦中作乐，享受孤独

我们做学问的真正目的应该是追求知识、追求真理，让自己的人格魅力与素质更上一层楼。孔子做学问的原则就是将自己的气质慢慢完善，让自己离心中理想的那个人更近一步，而不是为了追求任何功利性的事物。南怀瑾先生认为，做学问不能急于求成，贪图眼前利益与成效，是一种错误的心态，也是不正确的价值观。

读书如果不是为了功名，很多人会觉得辛苦，而南怀瑾先生说，读书是一件既寂寞又快乐的事情，读书会占用大量的时间，现代人认为时间就是金钱，因此争分夺秒去赚钱，并不是每个人都愿意花费时间去读书。正因为如此，每个渴望读书的人都要学会苦中作乐，忙里偷闲。孔夫子曾经说过：“知之者不如好之者，好之者不如乐之者。”这一番话用在读书做学问上也可以，孔子告诉我们，喜欢知识的人，比去学习知识的人更好，而因学习感到快乐的人，比喜欢知识的人更高出一个境界。

南怀瑾先生拿打麻将与打太极拳的例子进行比较。他说，很多人喜欢打麻将，不仅把打麻将当作是一种休闲，而且还认为它令人开心，有益身心健康，即使坐在那里看别人打麻将也会很快乐。所以，南怀瑾先生认为，打麻将这件事有知之者、好之者和乐之者。但是如果换了打太极拳，就比较困难了，谁都知道这是一件有益于身心的事情，是“知之者”。经常在公园里打太极拳的人，是爱好它的人，称为“好之者”。然而，许多人打了一段时间太极拳觉得累了，很难坚持下去，甚至只将太极拳当做健身的一项任务，空闲的时候才打，所以很难达到“乐之者”的境界。

打麻将和打太极拳为什么有这么大的区别，打太极拳的“乐之者”为什么少见，而打麻将几乎是“全民乐之”。南怀瑾先生分析原因，认为打太极拳是一种孤独的活动，这就和读书做学问一样，很多时候是自己一个人，只有熬得住寂寞，慢慢深入进去，才能感受到其中的莫大乐趣，达到“乐之者”的境界。

做学问能够进入“乐之者”境界的人之所以很少，也是因为在这个浮躁的社会中，外界的诱惑太多，让人很难享受一个人的孤独和专注。但是南怀瑾先生认为，读书做学问的孤独全靠个人调节，既可以忙里偷闲，也可以苦中作乐，平衡心态，顺其自然是最重要的。

诚然，做学问需要艰苦奋斗的精神，但是有时候过分执著地去追求，反而会“走火入魔”，陷入功利之中。只有保持一种愉悦的心态，学会忙里偷闲的技巧，才能使我们心情更好，读书做学问的效率更高。

启蒙教育，先做人，后教学

> 人格教育、学问修养是贯穿一生的。所以，社会除了政治力量、财富力量以外，还要有独立不倚、卓尔不群的人格品格修养，作为社会人心的中流砥柱。
>
> ——南怀瑾

南怀瑾先生认为我们国家一百多年来的启蒙教育就好像无头苍蝇，找不到准确的目标，而且教育的方式与手段都存在着弊端。南怀瑾先生也将他的一生奉献给了教育。他希望自己教育出来的孩子都有真正的修养与成就。

南怀瑾先生认为，现在的孩子很聪明，只是很懒。他说他不是一个天赋异禀的人，而是一个很用功的人。南怀瑾先生每天都给自己制订一个计划，例如每天写一篇文章。生活中的小习惯都是一点一滴养成的，每一年每一天的坚持，长年累月，终会使自己功成名就，成为一个伟大的人。

教育的目的

谈到教育，对于孩子的能力与个性，必须要先了解清楚，才能因材施教。孩子的个性分为两个方面：一方面是生理机能上的，是属于父母的基因遗传；另一方面是后天的思维与情感上的。教育的目的只是帮助孩子开发自己的天赋，帮助他成长。

在古代人的观念里读书的意义，在于可以让人懂得做人的道理，但是现如今这种教育慢慢变成了谋求“生活”的手段。有些父母，将自己年轻时没有完成的梦想附加到孩子的身上，忽视孩子真正的兴趣爱好。他们也不管孩子累不累，身体受不受得住，不管有没有用，不管孩子喜欢不喜欢，就给孩子报了很多补习班。这种强化的培训班与补习班的教育方法，无异于“饮鸩止渴”，它们只会让孩子们的大脑加速而且超负荷地运转，孩子得不到适当的休息，对身体伤害极大。我们应该让孩子自由发展，教育孩子不应该那么功利，而应把精力放在培养孩子的品质和素养方面，关注孩子是不是开心幸福。

古时候，有句民间谚语叫做“良田千顷，不如一技在身”。这句话告诉我们，即使我们积攒了很多金钱，或者有祖上传下来的巨大家产，都不如自己掌握一门可以谋生的技艺。正所谓“授人以鱼，不如授人以渔”。

我们教育孩子的目的，就是希望孩子能成长为一个德、智、体、美全面发展的人。但重点是要先学会做人，与其关注功名利禄不如注重孩子自身为人德行的修养。

修身养性

关于如何做人，南怀瑾先生也曾说，人不是有名而有德，是因为有德而有名。所以，一个人的修养要从养德开始。

自古至今，有多少人为了追名逐利而学习，却忽视了教育的根本是要学会做人。只有通过学习将自己的品德素养提高了，才能真正立足于世界，空有知识的外壳只能让你变成一个书呆子而毫无用处。在这里我们可以举一个例子。

唐朝有个人叫郭子仪，他是为江山社稷立下汗马功劳的大将。由于他备受恩宠，朝廷中有些奸佞小人开始嫉妒郭子仪的战功和他受到的众多恩泽。于是，他们屡次向皇上说郭子仪的坏话，想尽办法去污蔑他。

但是，郭子仪知道这些事情后却心平气和，丝毫没有一点生气的样子。郭子仪手下的将领反而不高兴了，觉得他这是怯懦。在他面前说道：“将军手里握着兵权，而且战功赫赫。那些小人如此诋毁和中伤将军，将军却不惩办他们，只怕他们会得寸进尺地欺负将军了。现在，只要将军号令，我们这些手下将领都带着士兵们去杀了那些奸佞小人。而且，我们也不会让将军背上骂名，一切后果由我们承担。”

郭子仪阻止了手下，他认为在当下，有外敌虎视眈眈，他们不应当起内讧，让敌人有机可乘入侵国家。历来的国家都会有奸佞与忠臣，但不能因为一点私人恩怨影响到整个国家。

后来，有一次，郭子仪战败，朝中小人借机诬陷他故意乱用兵，最后，皇上将他的兵权给剥夺了，让他在朝中担任清闲的职位。许多人为他打抱不平，郭子仪反过来安慰他们，说道：“这并不是什么坏事，我征战多年，得以清闲下来休息调养，这是多么令人感到开心的事。”

郭子仪的儿子却很生气，跑到父亲跟前说道：“奸佞小人把父亲害成这样，连兵权都被没收了，为何父亲一再忍让？如果早点收拾他们就不会落得如此境地了。”

郭子仪摇了摇头说道：“孩子，我是一个手握重兵的将军，皇上肯定是会对我无法放心的。因为奸佞小人深得皇心，所以才对我肆无忌惮地下手。如果我真的把他们杀了，那我也就进入了他们所设的陷阱了。”

郭子仪早已察觉出奸臣想让皇上赐死他的想法，加以忍让才避免了灾祸。

从郭子仪注重自身的高风亮节，以修身躲避灾祸的故事中，我们可以知道，在现实社会，对于欲望和名利的追求不要过于强烈，要努力修养好自身的品行，才是解决各种难题的灵丹妙药。

所谓修身养性是指一个人做人的根基，它也是启蒙教育的基础。在《大学》中有一个观点就是说，从高层的天子开始，一直延续到底层的人民，无论是谁都要把提高自己的心性品德修养当作是做人的根基。而且，让小孩子从小就培养好自身的品行素养，有利于他们今后更好地成长，这才是启蒙教育的意义所在。

孔夫子说，想要做到格物致知，要诚心诚意去修正自己的心灵，这些都是指修身。不管是管理一个家庭，还是治理一个国家，或者是平定天下，这些都必须先从修身做起，从心性修养做起。而且身为领导者的人更要以身作则，以德服人，不能滥用私权去恃强凌弱，这样我们的整体素质才能得到提高，世界才会更加美好。

教育变革，循序渐进中的良性循环

要想真正融会古今中外而建立一个新的教育思想和制度，绝非单凭浅见的眼光而只图一时的快意和躁进所能成其事。

——南怀瑾

一个国家最重要的就是教育，因为有了教育，就有了文化，只要文化强大了，那么这个国家、这个民族就会强大。我们衡量一个国家的发展程度、先进程度，最重要的一个指标就是看这个国家的教育程度。在任何年代、任何体制下，教育都需要得到优先的发展，因为教育面对的是这个国家的少年，而少年是一个国家的未来，一个民族的希望。而我国的教育制度，也一直是我国教育学者探讨的热门话题。南怀瑾先生在《亦新亦旧的一代》中提出：我们国家的教育问题，其实还是没有变化，仍然是以前留存的老问题，只不过年代不一样了，它所展现出来的形式不同而已。

随着社会的逐渐发展，教育制度以及教育方法的问题又渐渐地被许多大众百姓所关注，要求变革的呼声日益高涨。这样的情景与一个世纪前的中国不尽相同，只不过在那个年代，中国这个伟大而古老的帝国，在风雨飘摇之中开始了洋务运动。封建统治者们为了挽救自己的政权，向西方人学习他们的先进技术。可惜，这只是封建统治者们的一厢情愿，西方人的技术并不能挽救这个摇摇欲坠的腐朽帝国，轰轰烈烈的洋务运动以失败告终。

十年树木，百年树人

教育者，国之根本也。相比中国数次匆匆而就的教育改革，我们的邻居——曾经的强敌日本，在这方面有着值得我们学习的地方。在明治维新中的教育改革，是一次成功的改革，而且每一次改革后都会根据效果进行修改与完善，最终使日本快速走上了工业化道路。

在早期的江户时代，幕府至藩，甚至是个人，都可创办学校。其实，在江户时代还是十分重视教育的，只是在当时闭关锁国和封建统治的大背景下，没有系统的学校制度，也没有完善的教学体系，教材也大多是维护封建集权的儒家书籍。虽然平民识字率较高，但是距离普及初等教育还非常遥远，也不能满足快速建设一个资本主义近代国家的需要。于是在明治维新中，教育改革就被列为了首要内容。

从明治时代开始，先于 1871 年设立文部省，积极制定有目标的教育改革文件《学制》，划分学校体制，规定学校分为大、中、小三个级别，并且规定无论男女都应该念完小学和初中。他们还制定了考试的规则，要求每年至少有一次考试。标准化了教员的招募规范，甚至教员应该由政府筛选之后分配。对于学费和教育经费的使用和管理也有明确的规定，明确不得私自挪用学费和教育经费。

在《学制》实行后，由于对人民负担较重，放弃了使用《学制》而学习美国颁布《教育令》，之后入学率不断提高，在 1883 年达到 51%。由此看到，明治维新时期的教育改革不仅是教育的制度，还包括教育的体制、政策、条例，学校的授课内容甚至考试。

由日本的明治维新我们可以了解到，教育改革是符合历史时代的发展的。一个国家必须重视教育，在各个领域进行改革推进的时候，也不能忘记了教育改革。当今的大国博弈，其实是人才的竞争，而人才的竞争也是教育的较量。创新是一个民族的灵魂，教育也需要创新，如果只是按部就班，那么这个民族就不能屹立于世界民族之林。

百年大计，步步为营

教育的改革虽然非常紧迫，但是仍然不能“囫囵吞枣”。任何一次改革都不会一蹴而就。改革都会遇到阻力，但是我们面对这些阻力，应该通过不断地修改、不断地完善，经过一次又一次的尝试，找到一条真正适合国情的改革之路，让教育能够向正确的方向前进。

20 世纪 60 年代初，当时由于苏联的卫星发射上天，空间技术领先了美国一大截，大量的美国人感到了威胁与恐慌。于是，派人调查和寻找原因，最后发现美国在空间技术项目上落后的根本原因是国民教育，特别是国民的基础教育。

那段时间，美国舆论一片哗然，民众纷纷要求政府必须改变以往对教育事业的想法，必须要从娃娃开始抓起。于是，在这样的时代背景下，美国需要通过教育上的变革求得改变。不久，一个“学科结构运动”的教育变革开始了。美国召集了大量各个领域的权威专家来设计课程大纲、教材和教学计划。这些专家也编辑了大量的教科书供中小学使用。但是经过几年的使用，却暴露出大量问题，教学的效果大打折扣。

最后，政府推翻了这个“为了变化而变化”的教育改革项目。之后，美国对这一次改革所造成的负面影响还采取了“回归基础运动”来弥补。

教育是一个国家最为重要的方面，而死板的教育是不会取得成功的。一个好的教育体系，应该是动态的，符合时代和历史的变化。通过不断的谨慎的变化，使得我们的教育能够向着好的方向发展，不会偏离了原来的发展轨迹。因为教育事关一个民族的希望，更是一个国家的未来。

尊师重道，人类文明的共性

“尊师重道”，是人类文明的共通德性，无论中外都是一样，只有礼仪形式上的不同，并无精神上的差别。

——南怀瑾

唐朝时，韩愈一句：“师者，所以传道，授业，解惑也。”向我们道出了教师这一职业的崇高和伟大。我们也知道，古往今来，尊师重道是这个社会普遍的共识，但是在当今社会，尊师重道却越来越形象化，它渐渐地沦为了一种口号，而没有实际行动。

在南怀瑾先生的《亦新亦旧的一代》中提及，目前中国尊敬老师的现象在小学阶段还能体现出来，但越是高年级的学生，尊师重道的却越来越少。到了大学里，不少学生与老师就好像陌生人一样。而这不光与我们的社会有关，与老师本身的水平、素质也有关系，是共同的责任。

所以，对于尊敬老师，我们不能仅仅挂在口头，只是雷声大雨点小地呼吁。我们应该行动起来，把“尊师重道”落实在日常的行为之中，共建和谐的教育环境。

学生应该尊重老师

一个好的教育，好的校园文化环境，应该让学生与老师成为朋友。在现代社会，不能说我们不尊敬教师，可是那种从心底油然而生的敬佩却很少见了。在家长眼中，教育机构俨然成为商业化的工具。在学生的眼中，老师的教学也很难循循善诱，充满了功利意味。这样的想法，如何能让老师与学生之间互相信任，如何能够构建和谐的师生关系。

传说张良年轻的时候，曾计划谋杀秦始皇，最后失败了。他逃跑后，躲藏在一个叫下邳的小地方。

有一天，张良闲来无事，在路过一座桥时，看到一位衣衫褴褛的老者，这个老者看到张良来了，就故意把鞋脱了，丢到桥下，让张良下去捡回来。张良心怀不满，可还是把鞋捡上来了。张良把鞋捡上来后，老者又让张良给他穿鞋，张良便帮老者把鞋子穿好了。老者只是笑了笑，根本没有想道谢的意思，走的时候说了一句："你还是个可塑之才，五天后的黎明在这里等我吧。"

张良感觉这老者不是一般人，于是五天后，天刚刚亮就急急忙忙出门，到了桥上，却发现老者早已到达。老者看到张良，生气地训斥了一句："和长者见面还迟到，再过五天，早一点来！"说完就走了。又过了五天，天刚微微有点亮，张良就到达了桥上，可是老者还是比他先到。老者又生气地将张良训斥了一通，然后依旧要求张良五天后要更早过来。张良着急了，又过了五天，他连觉也不睡了，刚过午夜就来到桥上等老者，过了一会儿老者就来了，一看到张良已经到了，非常满意，于是从袖子里拿出一本书交给张良说道："你把这本书读完，就可以出山去做皇帝的老师了，10 年之后，这片地方就要打仗了，23 年之后，你可以与我重逢。"老者说完就离开了。

等到天亮了，张良一看，原来是一本兵法书。张良喜出望外，于是好好研究那本兵书，后来成为汉高祖刘邦的得力谋士，跟随着汉高祖刘邦统一了中国。

我们应该尊重老师为了教书育人所付出的辛勤的劳动，去虚心学习知识，认真听课，上课下课时看见老师能有一句简单的问候，以及尽自己的努力去取得良好的成绩，这些都是对老师的尊重。

老师也应重视教学水平

如今，社会主义发展观都在提倡建立新型的师生关系，也就是说老师和学生应该是平等的，而我们的尊重就是建立在这个平等关系的基础上。人们常说:“只有尊重别人，别人才会尊重你。”其实学生对待老师的态度，很大程度上取决于老师是如何对待他的学生。老师平易近人，为学生答疑解惑时充满耐心，这样自然会赢得学生的尊敬。

王平原本是一名普通的人民教师，然而在她 28 岁那年，由于染上了风湿，行走非常不方便，上下楼梯时，只能一步一停。但她没有向病魔屈服，坚持工作在教育一线。她在面对学生时，更是满怀爱心和耐心，对班里成绩不及格的学生，一视同仁。为了帮助他们，她经常花费很多时间给他们补课，一直到学生明白为止。在与学生交流的过程中，她不会严厉训斥，一直都是鼓励和充满希望，让他们早日提升成绩。这在无形之中缩短了学生与老师之间的距离。

多少年过去了，不管病痛带给她多少痛苦，她从没有请过一次病假，她知道学生需要她。正是这种坚定的信念，让王平老师赢得了所有学生的尊重，并荣获了“青年教师奖”这一殊荣。

现代的教育工作者，应该时刻牢记以教书育人为己任，好好提高自己的教学水平，敢于专研、敢于探索。面对学生，也要充分体现出人文关怀，要有充足的耐心和爱心，而不是用粗暴的言语斥责学生。对于水平能力有差距的学生，应该一视同仁。这样才会赢得学生的尊重和家长的信赖，才能建设和谐的校园文化。

温故知新，更上一层楼

认识了过去，就知道未来，这样，“可以为师矣”。

——南怀瑾

在学习中，我们为了掌握已经学过的知识，就要进行复习，因为通过复习，才可以牢牢掌握，并准确地应用到实际中。南怀瑾先生在《论语别裁》中，用为政者的思想来讲述这个道理的重要性，他认为现在的年轻人非常不容易，因为他们需要了解很多过去的东西，然后又要接受很多未来才能使用的东西，这样才能成为一个有学问的人。

这是一个风云变幻的社会，科技的发展日新月异，我们需要终身学习。所以，在这样的背景下，需要每个人都拥有不断学习的能力，不断更新自己的知识储备，让这些知识形成一种体系。学习是一个逐渐积累的过程，只有将自身的知识融会贯通，才能成为社会真正需要的人才。

不断学习，融会贯通

古语有：一年之计，莫如树谷；十年之计，莫如树木；终身之计，莫如树人。这句话告诉我们人的一生都不能离开学习，我们从出生到老年都处在一个不断学习的过程之中，它会影响我们这一生的发展。如果我们不学习，如何适应这个社会？如果我们不学习，如何取得长足的进步？学习不仅能增长自己的知识，还可陶冶自己的情操，让我们的人生变得丰富。

众所周知，20 世纪最伟大的物理学家爱因斯坦也是一位名副其实的终身学习的推动者。在他取得了举世瞩目的成就后，仍然在自己的实验室中不断学习和研究。

有些学生不理解老师的做法，问他：“凭借您的成就，已经是物理学界最为举世瞩目的科学家了，为什么还要这样每天争分夺秒地试验和研究，其实您完全可以凭借目前的成就，好好在家中休息了。”

爱因斯坦并不着急回答这个问题，而是找来一只铅笔、一把直尺、一个圆规和一张纸，在纸上画上了一个大圆圈和一个小圆圈，然后说道：“在当前看来，也就是物理学这个领域之中，也许我是比你们所了解的多一点。就如同这纸上的这个小圆，而我的知识面就是纸上的那个大圆，物理学就如同这张纸所在的这个平面，浩瀚无垠。小圆在这个平面中的周长非常渺小，它能接触这个平面的地方少，所以不明白的地方也很少。而大圆的周长比小圆要大，它接触平面的区域也比小圆多，不知道的东西也就更多了。我正是因为这样，才需要不停地学习。”

每个人在一个领域里，也许只是一个小圆，所以我们不能止步不前，学习的意义是为了收获丰富的人生，让自己强大。而实现这一目标的途径，只有通过不断地学习才能实现。

回顾历史，开拓未来

早在东汉末年，汉朝的执政者桓帝十分宠幸宦官，于是宦官们私下联合起来，诱导皇帝，达到干预朝政的目的。

朝中有良知的老臣看不下去，就背地里向皇上揭发他们。不料被宦官知道，招来杀身之祸。朝廷一时间人人自危，眼睁睁地看着宦官们干涉朝政，谁也不敢多说一句。

一直到李膺和杜密等几位朝廷忠良联合密谋，他们召集郭泰等人联手铲除朝廷之中的宦官集团。谁知，在准备之时消息泄露，于是宦官们在皇帝面前大肆诽谤，诬陷李膺等人起兵造反。不明真相的桓帝听信了宦官的谗言，把李膺和杜密等人打入大牢之中，成为历史上有名的“党锢之祸”。

朝中的另一位大臣窦武，因为其女儿是皇后，看到宦官这样祸害朝廷，于是愤而上书，告诉桓帝，如果再这样宠幸奸党，就会如同秦朝第二代皇帝一样，将手中的权利过度地分散给了身边的人，导致他们为非作歹，最后致使国家灭亡。窦武劝导桓帝要吸取这个教训，不能再糊涂下去了。

桓帝看了窦武的上书，如梦初醒，于是将李膺和杜密等朝廷忠良赦免，结束了“党锢之祸”。

古人云：以铜为镜可正衣冠，以人为镜可明得失，以史为镜可知兴替。正是在这样的意识和观念之下，我们才能取得一个又一个举世瞩目的成就。所以，我们只有不断学习，正视历史，才能学习到古人给我们的经验教训，让我们在面对不可知的未来时，少走弯路，奋勇向前，成就自己，走向成功。

美国文化，西方吹来的迷惘

我们盲目追随这个历史太过年轻、有冲劲、有干劲而文化太过幼稚的朋友，崇拜它的裸体美，倾心它的纸醉金迷，实在和玩弄火山上的美人一样的可怕。

——南怀瑾

眼下年轻人都非常喜欢过一些来自西方的节日，比如情人节、愚人节、万圣节等。这也激起国内学者对于民族传统节日的大讨论：究竟怎样看待中国与西方国家的文化交汇？我们应不应该过西方的节日？众所周知，文化是一个民族的象征，同时也是一个民族信仰的源泉。如果一个国家对自己的文化都感到厌恶，那又怎能保持自己民族的向心力呢？但是不要忘，我们的民族有着博大的胸怀，更有着“和谐统一”的思想，完全可以兼收并蓄，在西方文化中，吸收对自己有利的东西，丰富我们自身。南怀瑾先生在《亦新亦旧的一代》之中也表示，年轻人正处于这种文化交融的浪潮之中。正是因为在这样的环境下，我们才不能随波逐流，而应该看清形势，不断地努力，为中华民族的伟大复兴而不断奋斗。

面对着西方的文化冲击，首先不能被其迷惑了双眼，要有一双能够洞察一切的慧眼，在这些外来文化的洪流之中，分辨出什么是有利的、什么是有害的，绝对不能一视同仁。在区分了文化的优劣后，对于有利的文化，选择大力推广，不断增加民族的软实力，同时也充实自身的素质和文化修养，让中华民族的传统文化更加丰富多彩。

应当正确看待外来文化

我们对待外来文化的正确态度是既不盲从、沉迷，也不完全否定。对于有益的文化，应该取其精华，弃其糟粕。对于那些节日来说，当然不能强求大家都去过或者都不过这个节，应该将自由还给大家，由大家自行决定。而那些对弘扬中华民族传统文化有益的节日，如“母亲节”等等，应该不遗余力地大力推广，以丰富民众的生活。

清朝时期，中国的制造业在世界一度处于领先地位，那个时候美国还没有建国。可是后来清朝政府故步自封、妄自尊大，采取闭关锁国的政策，停止与世界的沟通。

清政府在闭关锁国后完全不知世界形势的变化，最终在 1840 年爆发的鸦片战争中落败，从此走上了半殖民地半封建社会的道路。

如果把外来文化一概拒之门外，看似保护了国内的文化免受外来文化的冲击。但是时代发展的洪流阻挡不住，不吸取他人之长，一味地故步自封，只会让自己远远落后。把所有外国文化都拒之门外，其实是在变相地孤立自己，是不正确的，也是应该坚决杜绝的。

本国文化同样重要

在面对外来文化，利用外来文化为我所用时，不能忘记了中华民族优秀的传统文化。在我们的传统文化之中，有许多值得学习的地方。我们经历了这么悠久的历史，有着厚重的历史积淀，这些都是祖宗留给我们的文化精髓。从另一个角度来看，这些文化无不突显了我们这个古老民族的勤劳、勇敢、善良等传统美德。

伟大的中华文化，是勤劳而勇敢的古代中国人民智慧的结晶，它蕴含着中华文明的光辉成就，也是祖先留给我们的最宝贵的馈赠。作为一名中国人，更是一名炎黄子孙，我们应当不遗余力地弘扬中华文化，这是我们的义务，也是我们的责任。弘扬中国的传统文化，对提升国家和民族的软实力，对文化的传播与发展，都有重要的促进作用。

望子成龙，家庭教育要反思

涂涂抹抹，使他们成了五光十色，烂污一片，不是把他们逼成了书呆子，就是把他们逼成太保，还不是真的太保。

——南怀瑾

“望子成龙”是中国人普遍的教育观念。可是所谓“望子成龙”中，仅仅是“望”又有何用？孩子的成长都有自己的规律，我们应该用一种平和的心态去看待。很多家长希望自己的子女完成他们的理想，而很少考虑孩子的先天禀赋与性格。一旦孩子的发展与自己的目标有偏差，他们就会更加着急，制定更严厉的目标，导致家庭教育陷入泥潭。

教育的根本应该是培养一个善良、正直、诚实的人，而很多父母的目标却过于宏大，似乎要将孩子培养成电影之中的超级英雄。恰似南怀瑾先生在《原本大学微言》之中讲到的，本来教育应该是将一个人原有的缺点修补，让他在面对社会之后能够以一个思想健全的人去投入其中。然而国内的教育却是揠苗助长般的培养方式，家长没有达到的目标就要让下一代来完成，这是完全错误的。

结合能力，助力梦想

每一位父母都希望子女能够有所成就。可是，家长们总是过于急切，无形中将这种期望变成了孩子身上背负的巨大压力。他们误解了爱，使得“爱”变成了高高在上的目标，使得原本美好的初衷变成了逼迫。

曾经，有一个孩子，对画画情有独钟，但其他科目的成绩不甚理想。所有科目平均来看，画画是所有科目中学得最好的，而且有着非常不错的基础。可是他的父母却完全不这么想，在父母的眼里，只会画画的人将来很难在社会上立足。

于是，他们让孩子把心收回来，把全部心思放在学习上，至少掌握一门学科，这样在将来也能拥有一份不错的工作。在这样的想法下，只要孩子拿出纸和笔准备画画时，家长就会冲出来将画纸撕掉，将画笔折断。

孩子终于不再画画。家长感到很欣慰，认为自己的教育方法终于还是起了作用。可是在后来的几次考试中，这名孩子的成绩越来越差，甚至产生了厌学情绪。

在家庭教育中，逼迫孩子顺从，是很愚蠢的决定，作为家长，应该倡导将目标与孩子的兴趣、能力相结合，结合孩子的具体情况为孩子量身定制一套科学的学习发展目标，这样才能促进孩子的发展。

孩子成长路上需要鼓励

很多家长对孩子很缺乏耐心。冲动时忍不住使用“棍棒教育”，然而纯粹的“棍棒教育”不会让孩子信服，反而会增加孩子厌恶的情绪。

曾经有一位青年，失魂落魄地来到巴黎，因为他将所有的希望都寄托在他父亲的朋友查尔斯叔叔的身上，希望能从查尔斯叔叔那里得到一份工作来养活自己。

不过，任何工作，都要以自己的能力作为基础，于是在面试的过程中，查尔斯叔叔问道：“你的数学怎么样？”

青年无奈地摇了摇头。

“那么，地理呢？”

青年依旧摇了摇头。

“法律呢？”

青年还是摇了摇头。

在接下来的多次询问之中，这名青年几乎没有任何能够胜任的工作，这让他很是心灰意冷。查尔斯在最后说道：“你还是先写下你的住址吧，如果有合适的工作我可以联系你。”

青年无奈地写下了自己的住址，准备离开。就在这时，查尔斯喊道：“等等，先生，请等一等，你的字写得非常不错，我想，我这里还有一份工作你应该会感兴趣。”

青年眼睛里闪烁着光芒说道：“原来写字漂亮也可以是优点吗？”青年觉得自己备受鼓舞，最终不断地将自己的优点发扬光大，取得了成就。

在生活中，孩子其实有很多很特别的优点，但是作为家长却完全忽视了这些过人之处，反而要求孩子和别的孩子比人家擅长的地方，这完全是教育的误导。孩子在成长的过程中需要我们不断地支持和鼓励，就算成绩不如人，只要付出过努力，就值得我们去赞赏，这样才能增强孩子的兴趣，让孩子在学习上更有动力。

第六章

南怀瑾谈儒学中的修身哲学：

见贤思齐，见不贤而内自省也

修身，即修养身心。儒家讲究修身，更多地是为了完善自己，为了建设美好的家国天下。儒家创始人孔子十分重视修身之道，儒家的修身之道较为系统完善，对后世人们修身力行产生了深远影响。南怀瑾先生认为儒学的修身哲学大致体现在五个方面：第一立志，确立人生目标和远大理想；第二好学，学习可以提高道德修养，完善自身的知识体系；第三自省，这是提高自我修养的重要方法和途径；第四改过，一个有道德的人，行为光明磊落，对于自己所犯的错误，应当坦荡承认并加以改正；第五躬行，修身不仅是一种修养，更应当是付诸行动的实践。

可逝而不可陷，此乃君子风骨

一个君子之人“可逝也”，可以放弃自己的终身，但“不可陷也”，绝不受人家的包围、困扰，落入陷阱之中。

——南怀瑾

在孔子的人生哲学中，很多的道理都是灵活变通的。这些方法非常容易理解，其中许多观点是教育我们在为人处世的过程中需要把握火候和原则。孔子认为不应该毫无原则地宽容别人，而是应该把握好自己的底线。面对一件事情，应当有自己独立的判断，然后做出最合适的选择。

孔子认为，作为一个君子，应当能够把握尺度，与别人交流时，应当彬彬有礼；在交往上，应当宽厚谦让；处理事情上，也应当关注实际情况，对症下药。为人处世应当圆滑一些，能进能退，这样人们才更容易接受和尊重你。南怀瑾先生在《论语别裁》中认为，每个人都需要明白变通这个道理，也许你不能避免被别人欺骗，但是不能在被别人欺骗之后，还依旧是一点防备心都没有。

服从原则，把握尺度

命令超过限度，就会失去服从；果断超过限度，就会成为莽夫；服从超过限度，就会成为奴隶；坚持超过限度，就会成为顽固；忍让超过限度，就会被看成是胆小怕事。

所谓“千人千面”，我们每天都需要与许多思想性格与我们完全不同的人相处，我们在面对这些“千面”时，需要把握时机、坚持原则、维护尺度，既不让人委屈，也不让自己受苦，这才是处世之道。

抗战胜利后，国共很快又回到了冷战阶段。当时，共产党人为了保住国内和平，让人民免受战争之苦，希望能够与国民党和平解决争端，于是有了著名的“重庆谈判”。

在重庆，蒋介石会见了毛泽东。刚一见面，蒋介石就询问毛泽东：“不知道润之兄这次来，对我们的国民政府有什么指教啊？”

毛泽东也毫不含糊，直奔主题，将考虑许久的八大意见全部如实讲了出来。蒋介石心中有些不高兴，但还是说了一句：“润之兄，这么多年过去了，你的野心是越来越大了呀。”

毛泽东也不甘示弱地回应道：“是啊，这么多年过去了，身为委员长的你，可还是老脾气啊，如果委员长不能让步，那我们也就没有什么好谈的了。”

蒋介石听了非常不高兴，说道：“你想逼我，一点用都没有，如果你想推翻我们的国民政府，现在就可以回去动兵。”

毛泽东面不改色地说道：“我现在可打不过你，我这次来就是为了让中国不再起战事，不然我也不会大老远地跑到重庆来啊。”

蒋介石的态度也缓和了一些：“是啊，毕竟中国人提倡和为贵嘛。”

毛泽东补充道：“关于谈判的细节，就让恩来他们和委员长的负责人再行商议吧。”

蒋介石答应了，才有了之后签订的《双十协定》。

这也告诉我们无论做什么事情，都要把握这件事情应有的火候，做到有理有利有节。就如同泡茶一般，茶泡的时间太短了，茶叶没完全舒展，茶水毫无味道，但是泡得太久了，又会产生苦涩的味道。正如孔子说到的“过犹不及”一样，事情做得过了头，就不能达到预想的结果，反而会对后续的发展产生负面影响。只有把握住了这些，才能使事物向着预期的方向发展。

理智看问题

从前有一个孩子，脾气非常暴躁，动不动就向人发脾气，还喜欢摔东西。孩子的父亲希望他改变这种现状，就把这个孩子带到了自家的后院中。

后院有一排篱笆，父亲指着篱笆对孩子说道:“孩子，今后你发一次脾气，就向这个篱笆上钉一颗钉子，看看你能钉多少钉子在这个篱笆上。”

孩子想了想，就答应了。于是，孩子只要一发脾气，就怒气冲冲地走进后院，钉一颗钉子在篱笆上，过了不久，篱笆上就钉满了密密麻麻的钉子，孩子甚至都有点不相信这是自己的所为了。

这时，爸爸说:“你看看这些钉子，全都是你发脾气时钉下的，要想克制住自己，那就一天不发脾气，从上面拔下一颗钉子。”

孩子听了后，想把钉子全部从篱笆上取下来，于是努力地克制着自己的脾气。终于有一天，他将所有的钉子都取了下来。他兴奋地向家人宣布，他已经能够克制自己的脾气了。孩子的父亲却带着孩子来到篱笆前，说道:“虽然你已经将所有的钉子都取了下来，可是这篱笆上的痕迹却永远都不能消除掉了。你每向亲人发一次脾气，就会在他们的心中留下伤害。虽然你道歉了，可是这伤害却留在了心中。”

如同这个小男孩一样，很多时候我们发脾气可能都是因为一时冲动，却造成了不可避免的伤害，这是非常不明智的行为。就算事后后悔愧疚，再用力弥补也都无济于事，因为伤疤已经形成了。所以在遇到任何问题时，一定要理智对待，这才是君子风度。

唯淡泊以明志

英雄能够征服天下，不能征服自己；圣人不想去征服天下，而征服了自己。

——南怀瑾

在谈及《论语别裁》一书中“淡泊以明志”这个话题时，南怀瑾先生提起中国传统文化中评价真正意义上的好画是“素以为绚兮”而“绘事后素”。所谓“素”就是像一张白纸那样；所谓“为绚兮”指的是在白底子上画了很漂亮的图案；所谓“绘事后素”就是绘画完成以后方能显出素色的可贵。所以一幅真正的好画即使拥有漂亮的图案，也只有素色的底子才能衬托出来。

现在的人生哲学也提倡一种观点，说的是一个真正的高人应该由绚烂归于平淡，在平平淡淡中领悟真谛。从艺术的观点来看，如同一幅画若是被填得满满的，多半没有艺术价值；如果布置一间房间，适当地留出一些空间，才会让住在里面的人觉得舒服。这就是“留白”的艺术。真正的圣人，是本色出演的，是平平淡淡的。正如南怀瑾先生所言，“一个绝顶聪明的人，看起来是笨笨的，事实上也是最笨的，笨到了极点，真是绝顶聪明”。正因如此，真正的聪明人懂得为自己的内心“留白”，纷扰尘世中的名利诱惑也罢，挫折摔打也好，都无法动摇那颗淡泊出尘的心。

淡泊宁静中的智慧

从人生的终极来看，每一个在尘世中的人都不过是沧海一粟。然而人活一世，我们需要学习在这纷扰人世间如何安身立命。南怀瑾先生说：所谓圣人，指的就是脱俗的凡人，他们能于纷纷扰扰的尘世保全自己的一颗初心，在淡泊和宁静中活出自己的人生。

当代大学者、大文豪钱钟书先生一生与文字做伴，终生甘于寂寞、淡泊名利。在他看来，所谓的名与利不过是过眼云烟，而唯有笔下的那些故事才具有永恒的生命力。20 世纪 80 年代，美国著名学府普林斯顿大学多次邀请钱钟书前去讲学，并开出优厚的条件：每周只需要钱钟书讲 40 分钟的课，总计讲 12 次，酬金高达 16 万美金。此外还可携夫人同去，食宿全包。面对如此诱人的条件，钱钟书丝毫不为所动，继续在家中那张很有年头的书案前做着自己的写作和研究工作。

20 世纪 90 年代，钱钟书的代表作《围城》被翻拍成电视剧并热播，一时间钱钟书的新作旧著都被出版社争先恐后地推向市场。面对这种文化圈少见的火爆场面，钱钟书始终保持着静默。有好友跟他谈及当时的“钱学”热，他更是嗤之以鼻，评价道“吹捧多于研究”。当时有不少媒体对钱钟书围追堵截，想让钱老先生接受采访。但是他拒绝了所有新闻媒体的采访。有人以钱策动他接受采访，他幽默而机智地回答道：“我都姓了一辈子钱了，难道还会迷信钱吗？”美国一位颇有名望的记者慕名前来采访，钱钟书也避不见客，只是让人转告他：“如果你吃了一枚煮鸡蛋觉得味道不错，又何必非要去见识一下那只下蛋的母鸡呢？”

面对来自外部世界纷纷扰扰的名利诱惑，钱钟书始终不为之所动，他在名利面前坚守了自己内心最真挚、纯粹的部分，最后才能创造出诸多脍炙人口的文学作品，那正是他丰富而多情的内心世界最完美的体现。

超然物外，感悟人生

南怀瑾先生说过，“社会与环境虽然会影响一个人，但并不能完全左右一个人，更不会决定一个人。每个人都要养成独立的人格和修养，不要轻易受外界环境的影响，即使饱受挫折之煎熬，也要保持一颗光明磊落、质朴纯洁的心，此乃做人的最高修养。”因此，所谓“非淡泊无以明志”，不仅是面对名利诱惑要坚守自己的底线，更需要在面对挫折与摔打时，有一颗耐得住打磨的心。

南怀瑾先生一生几经坎坷，但他仍保持着一颗超然物外的赤子之心，这也正是他最难能可贵的品质。当年南怀瑾先生刚到台湾，在一位朋友的怂恿下，和朋友合伙做起了生意。然而天公不作美，恰逢时变，加上朋友在经营管理上出现错误，结果不仅没有赚钱，反而连本金也亏了。一时间，两人在经济上陷入困顿。南怀瑾先生没有办法，只能带着一家老小搬进基隆海滨的一处陋巷之中，全家老老小小六口人挤在一间十余平米的小屋子里，门不闭风，瓦可漏月。几个孩子中最大的也不过6岁，而最小的尚且嗷嗷待哺。多年后南怀瑾先生回忆起自己当年的境况，感慨道:“运厄阳九，窜伏海疆，矮屋风檐，尘生釜甑。”

但如此境遇下，南怀瑾先生也丝毫没有责怪朋友，反而宽慰他可以重新开始。面对不如意的生活境况，南怀瑾先生发扬了“穷而不愁，潦而不倒”的豁达心态，在艰苦的环境下完成了他在台湾的第一部巨著《禅海蠡测》。

穷困潦倒中的南怀瑾先生并没有就此消沉，而是潜心参禅悟道，这是尤为难能可贵的。正因南怀瑾先生保留了这份超然物外、坦荡洒脱的赤子之心，他才能如此乐观豁达地面对困境，并且满面春风地投入到学问的钻研中去，发掘出自己最大的潜能。

欲壑难填，人到无求品自高

一个人到了处世无求于人，就是天地间第一等人，这个人品就高了嘛！

——南怀瑾

人生苦短，有很多的东西需要我们去争取、去追求，但这些东西值不值得我们为之付出，却是应该考虑的问题。人的欲望没有止境，这是人类最原始的本能，也是人类不断进化的驱动力。但有时，我们的欲望往往太过强烈，最后会让自己迷失在欲望的深渊中。

在《列子臆说》中，用借钱举了一个巧妙的反例：当你急需用钱时，会四处借钱，会四处求人。等到了朋友的家中，反而开不了口，因为大家都非常尴尬，有事求人，会让对方产生畏惧感。但是，如果没有什么需要有求于别人的，就不会产生畏惧。

人生很难十全十美，来之不易的幸福也是如此，欲望有时就如同毒药一样，吞噬着我们的内心和良知。欲望会成为包袱和累赘，让我们在处理问题时畏手畏脚，不能放手去做，束缚我们的行为。有时，学会放手，淡然地看待一切，就能从中得到解脱。很多人不幸福的根源，就是自认为拥有的太少，想得到的太多。欲望就好像一个死结，只会越拉越紧，最后将理智绑死。唯有持守知足之心，幸福才会常伴左右。

克制欲望，懂得知足

人们总是习惯于关注那些看似和自身息息相关，而实际上却不值得为之付出的东西，每一次的渴望都会让心中充斥着不满足和痛苦，贪婪让人们渐渐失去了快乐，走向误区。其实，人生不必强求自己去追求本不属于自己的东西，而应该做最真实的自己、做快乐的自己。

古希腊的伟大哲学家苏格拉底在年轻时，由于生活窘迫，只能和几位同学一起挤在一间十分狭小的房子里。虽然房间内非常拥挤，但是苏格拉底每天都心情愉悦、喜笑颜开。别人看到苏格拉底这样的情况，问他："你们那么多人，每天都要挤在这个狭小封闭的空间里，看起来都觉得非常难受，为什么你每天还是笑呵呵的呢？"

苏格拉底回答道："我们虽然住得挤，可是我们都是要好的朋友呀，每天都可以愉快地聊天、谈心，这些难道不是最幸福的事情吗？"

过了几年，他的同学先后成家，不再住在这间房子中了，但是他仍然每天都笑脸盈盈的。别人非常不解，又去问道："原来你说虽然住得挤，可是有很多的同学和你一起住，你们可以聊天，所以很快乐，可是现在你的同学全都搬走了，这里只剩下了你自己，为什么你还这样快乐？"

苏格拉底笑道："同学搬走了就没有值得开心的事情了吗？虽然他们现在搬走了，可是我还有许多的书，知识就是朋友，所以我并不觉得孤单。"

过了许多年，苏格拉底也成了家，离开了小房间，住进了大楼的一层，但是环境很差，也没有原来那么多书，而且靠近路边非常喧嚣。

于是苏格拉底再一次被问道："这里不再有以前那么多书，而且这里的环境非常差劲，你怎么还是这样的愉快？"

苏格拉底说道："我住在这里比以前宽敞得多，而且一楼进出十分方便，还有一个外面的院子，这太棒了。"

人只有知足，才不会迷失本心。可是很多人都不明白这个道理，总是因为人家拥有了，自己却没有，内心便非常不甘，殊不知这是“身在福中不知福”。因为幸福和快乐取决于内心，与物质生活关系无关。

顺其自然即无求

庄子认为，“安时而处顺，哀乐不能入也”。就是说人们凡事顺其自然，这样的生活就是最好的生存方式。这话说起来很容易，但怎么样才能顺其自然呢？

南怀瑾先生认为，顺其自然就是人应当把握当下，因为现在就是你的人生，就是你所存在的价值。而我们常常会有各种各样无谓的忧虑，担心明天还没发生的事情，渴望未来得到某些东西，这并不是顺其自然。因为对未来的担心、忧虑、渴望，导致我们现在过得很不开心，这就是放大欲望，不懂节制，不爱生命。

庄子告诉我们“安时而处顺”，指的是只看现在的状态，无需后悔前一刻的行为，更不必担忧明日。一天只关心一天的事，思虑过多，便是欲念过多，到头来只是徒增悲伤，并无益处。《圣经》上讲：“不要为生命忧虑吃什么，喝什么，为身体忧虑穿什么。生命不胜于饮食吗？身体不胜于衣裳吗？所以，不要为明天忧虑，因为明天自有明天的忧虑，一天的难处一天就够了。”当我们减少不必要的欲望，顺其自然时，心境就处于“无求”的生命状态。以自然而然的方式接受生活，就能达到“不以物喜，不以己悲”的纯然状态。

古时有这样一个故事，酷暑时节，小和尚看见庙里的草枯黄了，就对师父说：“我们赶紧撒草籽吧，长出新鲜的草才好看！”师父却轻描淡写地说：“等天凉了再撒种，随时吧。”等到了秋天，师父买了一些草籽回来，小和尚出去撒种，却被一阵风吹散了草籽。小和尚慌忙说道：“师父，不好了，草籽被风吹散了。”师父仍然淡定地说：“没关系，吹散的都是空的草籽，撒下去也不能发芽，随性吧。”

撒了一会，有很多鸟飞来啄食草籽，小和尚又喊：“草籽都被鸟吃光了。”师父说道：“鸟儿吃不完的，随遇吧！”半夜里下了一场大雨，小和尚万分焦急地说：“这下什么都没有了，草籽全被雨水冲走了。”师父说：“草籽冲到哪里，就在哪里发芽，随缘吧！”一个月之后，原本光秃的地面长满了嫩芽，没有撒种的地方也长出了绿草，师父叹道：“随喜吧！”

万事万物都有自己的运行规律，我们不能改变，也改变不了。不要因为事物没有顺我们的心意而忧虑难过，或者试图去改变。我们要做的是，以平静的心态去理解、去接受。如果我们能做到这一点，就是以理性控制欲望，达到“无求”的境界，对身心不会造成不好的影响。无求于万物，便是顺其自然于生命，便是享受我们存在的此时此刻。

无求者，品自高也

欲望时刻存在于我们的内心中，根除它可谓难而又难。但是，我们可以掌控欲望，不让它肆意泛滥。南怀瑾先生认为，有本领没脾气是上等人，有本领有脾气是中等人，没本领脾气大是下等人。那些无求的人，通常都是有本领没脾气的上等人。中国古代有一个最长寿的人叫彭祖，商王赠其万金，他用来接济贫困，自己一分也不留。周王向他讨教长寿的秘诀，他说人如果不计较名利得失，不追求物质享受，情绪恬静而达观，就可以长寿。

无求的人，不受“慎喜毁誉”所累，始终保有好的精神状态，这样的人必定有高尚的品格。因此，南怀瑾先生认为，人生有所为，有所不为，能够“不降其志，不辱其身”，有所不求才能有所追求，这才是“无求”的最高境界。

23 岁的和珅成为乾隆仪仗队中一名侍从，他为人精明圆滑，知道如何利用机会展示自己的才能，并博得皇上的欢心。不久后，他做了朝廷的大臣，并利用职权，开始疯狂地敛财，二十余年，富可敌国！

乾隆去世以后，和珅的靠山也就倒了。嘉庆帝立即下令赐死抄家，和珅死前写下了一首悔恨之诗：

五十年来梦幻真，
今朝撒手谢红尘。
他日水泛含龙日，
留取香烟是后身。

在临死的那一刻，他终于明白，一切财富只不过是欲望的延续，积攒再多的钱财，也仅是过眼烟云，到最后什么也剩不下。

庄子曰："贪财而取危，贪权而取竭。"和珅的一生贪财又贪权，不懂得控制欲望，不知道适可而止。他求的太多，最终成了金钱和权力的奴才，为之生，为之死，欲望太多，品格败坏，还落得一个千古骂名。所以，不懂得控制自己的欲望，不明白"无求"的益处，迟早会陷入欲望设下的罗网和深渊。我们每一个普通人虽做不到无求，但也应当时时提醒自己，欲求有度。

性相近也，习相远也

人的性质相近，但是各人兴趣不同，习惯也不同。

——南怀瑾

每个人在刚出生时都如同一张白纸，都善良和纯真。可是后来，为什么会变得性格迥异，各不相同了呢？这是因为日常的生活环境和习惯让我们变得不同。我们长大了，心态变了，想法也就变了，在思维的影响下，我们养成了习惯，习惯也改变着我们。正如南怀瑾先生在《论语别裁》中所讲：我们每个人在最初时性格都是相近的，不受这个世界的影响，可是在后来的习惯影响下，开始学坏了，坏习惯越来越多，我们也就变得越来越坏。

避害就利的天性

在我们的价值观里面，自私、自大、欺骗等都属于我们性格之中丑恶的部分，而大方、谦虚、诚实等等则是我们性格之中高尚的部分。为什么说我们的天性是非常相似的呢？其实趋利避害是我们的本能，善良、纯真等一些优秀的品质会带来利益，而比如欺骗、自私等不好的品质也会带来利益。我们每个人形成的价值观不同，所以做出的选择也不同。

在圣经之中这样描述人性：文士们带着一名因行淫而被抓到的妇人来到了耶稣面前，并叫这名妇人站在众人中间接受审判。之后，他们对耶稣说道："夫子，这个妇人是在行淫的时候碰巧被我们遇上，于是我们就把她抓了回来。按照摩西的法律来说，这样的妇人应当被石头砸死。但是，我们觉得还是应该先来问问您的意见，您觉得应该如何处理才合适呢？"

耶稣并没有开口，只是弯着身子，用手指头在地上画着字。最后耶稣站起来对他们说："你们这些人中，谁认为自己没有罪，谁就可以先用石头砸她。"

周围的人听了这话，都惭愧地低下头，然后男女老幼一个接一个地离开了，最后只剩下耶稣和那名妇人。耶稣对她说："世上人人皆有罪，所以他们自觉羞愧，不能定你的罪。"接着耶稣又说："上帝的爱是宽恕和赦免，我也不定你的罪，你走吧，以后不要再犯罪了。"

耶稣知道人类的天性都是相似的，每个人都犯过错，每个人也都有羞愧之心、忏悔之心和宽容之心。所以，当众人审视自己时，发现并不比犯罪的妇人高贵圣洁，因而有了羞愧之心，也就对妇人宽容，能够原谅她犯的错误。一个人反省悔过，去恶向善，这是天性所在，也是人类天性中最宝贵之处。这些宝贵圣洁的东西，是我们做人的最后屏障，它让我们充满了爱心，充满了宽容。

习惯是一种无形的力量

习惯源于我们后天的学习，它是一种无形的力量，虽然无形，但可以改变我们的行为。有人用尽一生也没有改掉一个坏习惯，而好习惯却能让我们终生受益。

亚历山大帝国的图书馆曾经发生过一次火灾，馆里大部分的书籍被焚毁了，只有几本书幸免于难。有一个路过的乞丐捡到了其中一本。书里面居然藏着一张羊皮纸，看起来非常古老，纸上写着：这石头只存在于黑海的海边，虽然外表看起来和普通的石头差不多，可是这个石头摸上去和普通石头有非常大的区别，因为这块石头摸起来是温热的，普通的石头摸起来是凉的。

这个乞丐认为自己要发大财了，于是开始寻找这块石头。

乞丐也不傻，他想到如果我摸的普通石头，再把它丢回去，肯定在后面就分不清哪些是摸过的，哪些是没摸过的。于是他每当摸到普通的石头时，就会将石头丢进海中，这样就可以分辨清楚了。

后来，他就这样每天都在海边摸石头，时间一天天地过去，他仍没摸到一块温暖的石头。可他相信，只要持之以恒，就一定能找到。直到一天傍晚，他捡起了一块石头，一摸是温热的，可是他却顺手将这块石头丢进了大海里。

习惯如果养成了，就很难改变，因为它虽然潜移默化，但带给我们的力量却是无穷的，它甚至影响着我们的人生，所以我们应当养成好的习惯，并且能够利用这个习惯，让我们的人生走向成功，而不是被坏的习惯支配，最终毁掉我们的一切。

“道”为体，“德”为用

“道德”两个字素来是分开的，不是合起来用的，道是道，德是德。

——南怀瑾

在古人的观念看来，“道德”从来都不是一个词语，它们各自有着单独的意思。所谓“道”指的是行为处事应该遵循的规律，而“德”则是行为的好坏。中国有一句家喻户晓的俗语：没有规矩不成方圆。它告诉我们，无论做任何事情，都应该遵守规则。对于人生来说，为人处世的准则是生存的根本。无论在人生的路途上向着哪个方向前进，也不能脱离了为人处世的准则。

南怀瑾先生在《原本大学微言》中提及“道”字包含五种意思，而“德”则是做一件事情所得到的最佳结果，也就是付出努力之后所得到的东西。不过无论是哪一点，它们都共同组成了今天最为常用的一个词“道德”，用于约束人们的行为。

顺应自然是处世之根本

南怀瑾先生认为，在儒家的思想之中，“道”是一种顺应自然的处事根本，有什么事情做出来不合适的，就不应该强行去做，而应该顺着事物的发展方向进行疏导，或者采用更加高明的手段去做，这也是为人处世最为基本的理念之一。

世界是在不断变化的，没有人可以凭借一己之力改变世界，能够变化的只有自己，必须懂得适应环境的变化，与环境相协调，才能施展出最大的本领。

有一天，孔子带着他的几个弟子观赏大自然的美景。他们看到瀑布非常壮观，居然从三千尺的高处直接流下，连水沫都溅到非常远的距离。而且在瀑布流下的地方形成了一条河流，河水十分湍急。

这时，孔子突然发现岸边有一个人，站立了一会，就纵身跃入水中。孔子认为这个人一定有什么想不开的事情，想寻短见，于是急忙叫自己的弟子沿着河岸去救人。

谁曾想，那人在游了几百米之后露出水面，然后很轻松地爬上岸边，头发还湿着，但是这人并不在乎，一边在岸边走，一边唱着歌。

孔子急忙上前询问："我还以为你要寻死呢，没想到你只是在游泳而已，我想向你请教一下，在这样湍急的水流中游泳，是非常危险的，你有什么秘诀吗？"

那人回头看孔子一眼，大笑起来，说道："我哪有什么游泳的秘诀啊，我在水中，完全依循着水里的旋涡，然后才潜入水下，顺着暗流又在下一个旋涡处出来，这样我只是追随着水流，而不是凭自己的意愿在水中折腾，这就是我游泳的方式吧。"

孔子还是不明白，为什么他能游得这么好。于是，那人就解释道："我出生在水边，就会适应这样的生活环境，如果我出生在城市之中，自然也会适应那样的生活环境，这是自然而然的事情。"

在生活中，无论我们做任何事情，都应该以遵循"道"的心态去进行，顺应自然，做事就会事半功倍，甚至达到意想不到的效果。而那些所谓的反向思维，其实并不是强行的逆反，只不过是运用了不常使用的规律罢了。顺应自然，既是智者的生活方式，也是行为准则。

德行的运用是一门生活中的艺术

南怀瑾先生认为，拥有德行最重要的一点，不是口头将其说出来，而是应该付出行动。德行如果只是挂在口边，那就是思想上的巨人、行动上的矮子。南怀瑾先生所说的“德行”，就是我们常说的道德，人的道德是后天学习得来的，所以只有通过学以致用来实践德行，才能将其展示在生活的方方面面。

隋朝年间，有一户家人，家里有三个兄弟，原本一起生活，可是随着年龄的增长，他们经常吵架闹矛盾，互不相让，很难同以前一样再住在一起。

因此，兄弟三人商量将家里的财产全部平均分配。

于是，三人很快将家里的东西分配好，最后只剩下门口的一颗枝繁叶茂的紫荆花树。三兄弟想到家里的东西都要平均分配，那么这棵树也应该分成相等的三份。

他们拿来斧头和锯子，准备将这棵大树平分，可是没想到这棵大树在他们开始砍伐之前就枯萎了。

大哥看到这一棵神奇的树，不由地说道：“这棵树是有灵性的呀，原本它的根和树干枝叶都是一起的，可是当它知道自己要被砍了，立即就枯萎了，连树都能明白这样一个道理，我们兄弟三人长这么大，却还不如一棵树有灵性，难道我们不应该为此感到羞愧吗？”

从此三兄弟明白了血浓于水的重要性，于是不再分家，在生活中互相谦让，都做有德行的人，兄弟之间的情谊也更深了。

道德应当运用在生活中，南怀瑾先生认为，人们在社会上奔波忙碌，身上必定拥有两种必备的东西，其一是智慧，另外一样就是道德。我们凭借着智慧进入这个社会，而要依靠道德才可能在社会上站稳脚根。

身心兼修，人身是一个小天地

修身在正其心，道在心，亦在外形。

——南怀瑾

人生没有彩排，每一次都是现场直播。生命只有一次，我们应该重视自己的身心健康。南怀瑾先生认为，如果一个人都不重视自己的身心，又怎么能善待他人呢？俗话说：身体是革命的本钱，好心态是让人健康的源泉，能够健康地活着比什么都重要。每个人只有拥有健康的体魄和心态，才有资格拥有梦想并实现梦想，最终赢得成功。

如果人生是一艘在汪洋大海之中航行的船，那么身心健康就是船的龙骨，没有了龙骨，船只是一堆木板拼凑起来的积木罢了。身心健康是人生远航的基本条件，没有什么可以替代它。南怀瑾先生在《原本大学微言》中告诉我们，在一生中我们睡觉就花了一半时间，平时的交往应酬几乎疲于应付，自己已经忙得不得了，这个时候如果还有疾病的困扰，就非常麻烦了。

爱惜身体，留住健康

关注身体健康，不能仅仅停留在表面，而是应该用实际行动来约束自己的不良习惯，为实现健康的目标努力。人生最大的财富不是金钱，不是事业，而是人人生来就有的健康。只有在身心健康了之后，工作和生活才会充满动力，办事也更有效率。爱惜健康，生命才会因此富有意义。

南怀瑾先生说，有时候我们向着梦想拼搏、追逐、奔跑，可是渐渐地我们跑得太远，以至于忘掉了自己，身体也逐渐体力不支，最终摔倒在拼搏的道路上。每个人都应当好好珍惜自己所拥有的这一份健康，用健康的身心去面对美好的生活，感受生命的活力与快乐。

曾经有一位保险工作人员，当他来到投保人的家中时，看到的是一位年仅 15 岁的男孩面色蜡黄地躺在病床上。男孩的家人告诉他，男孩平时乐于助人，这次是在邻居搬运秸秆的时候去帮忙，可是不料发生了意外，从坡上滑了下来，男孩在车后被顶在了柱子上，撞破了肠子。可是男孩并没有在意，以为只是一个小的创伤。在回家的路上，因为腹痛晕倒了好几次，被路人发现后送回了家，男孩回家倒头就睡，家人认为他只是过度劳累，因此没有在意。

过了几天，这个男孩多次睡觉被痛醒，这才引起家人的警觉，将男孩送进了医院，可是因耽误时间太长，男孩的肠子已经坏死，医生尽力保住了他的生命。男孩的家人悲痛欲绝，追悔莫及。

人们常常忽略身上的病痛，以为是小事一件，殊不知人生无常，谁也无法预知下一分钟会发生什么事情。南怀瑾先生说，身体是如此宝贵，它承载着我们的生命质量。健康就好像我们精心培育的盆栽，需要仔细地培养才能茁壮成长。

很多人虽然明白健康的重要，可是在生活中却总是忽略健康，忙于事业、忙于竞争，为了这些所谓的“大事”，把自己的健康置于一边，最终健康也抛弃了他们。等到健康真正出问题时，才追悔莫及。

遭遇坎坷，心态最重要

生活中充满跌宕起伏，世事繁杂很难让人保持一颗平常心。当我们受到批评时，会情绪低落；受到侮辱时，会愤怒不已。人生百味，挫折困难从来都不会减少，而一切情绪波动都是不同心态的体现。南怀瑾先生认为，人生的坎坷和磨难都是一种经历，我们不应该怨天尤人，而要用积极乐观的心态对待发生的一切，保持健康平衡的心境，这样生活才不会被烦恼所左右。

世界三大男高音之一的帕瓦罗蒂先生，因为要参加一场演唱会，来到了所在城市，居住在一间旅馆中。他一路奔波，十分劳累，就想早点休息。谁知天不遂人愿，他刚躺下，隔壁就传来婴儿哭闹的声音。帕瓦罗蒂原本以为小孩子不会哭太久，忍耐着想继续休息，可是孩子的哭声非常洪亮，过了半个小时依旧没有停止的迹象。

帕瓦罗蒂心烦意乱，只能默默祈求上帝让这个孩子不再啼哭，但他越想睡却越睡不着，孩子的哭声在夜里显得异常刺耳。帕瓦罗蒂知道没有办法阻止孩子哭泣，索性换一种心境，认真琢磨为何这个孩子哭了这么久，声音竟然还这样响亮，如果自己在台上唱歌，可能早就唱不出声音了。帕瓦罗蒂越想越兴奋，他将耳朵贴在墙壁上，希望能从婴儿的啼哭声中有所领悟。

果然，在倾听了近一个小时后，他有了巨大的发现，孩子的声音在最高时会降低，这样就不会产生破音，而且这个孩子气沉丹田，不是纯粹地用喉咙发声，而是从丹田发出来的。帕瓦罗蒂马上试了试，果然发声的效果非常好。第二天，他就用这样的发音方式唱了一首又一首美妙的歌曲，征服了全场的每一位观众。

每个人都会像帕瓦罗蒂一样遇到不顺心的事情，但他面对干扰和麻烦时，没有大声地抱怨和责备别人，而是尝试换一个角度去看问题，反倒有了“柳暗花明”的效果。南怀瑾先生认为，做事时心态最重要，当我们能保持一颗平常心，时刻反思自己的做事原则，就会宽容别人的过失，也会给自己带来安慰。无论遇到什么样的困难，只要拥有积极的心态，换个角度看待问题，就算深陷逆境，这份充满阳光的心态也会帮助我们取得成功。

知、仁、勇，天下之达德

“知仁勇，三者”，做人做事就是这三样。

——南怀瑾

儒家思想认为，“智慧、仁爱、坚毅”是个人修养最基本的三个条件，无论什么时候，这三样修养都不可缺少。人生是需要智慧的，不然就会茫然和不知所措，在大是大非面前也毫无分辨能力。同时人生也需要仁爱，不然生活会充满刻薄和尖酸讽刺，在面对弱小时也毫无怜悯之心。而坚毅的品格是为了应对生活中的坎坷和失败，使得人们在面对苦难时仍有坚持下去的决心。

南怀瑾先生在《中庸讲记》中解释得非常清楚，一个人在社会上生活，必须拥有极大的智慧，也应当有慈悲的心，更应当有坚定执着的信念。“知”、“仁”、“勇”这三个字看起来非常容易，实施起来却很难，正因为如此，三种道德品质更应该成为我们努力的目标。

智慧、仁爱——处世之根本

有智慧的人，必定能依照自己的思想，在生活中进行自我选择。智慧的人可以成为真理的追求者、理想的驾驭者。南怀瑾先生认为，我们在有智慧的同时，也应该有仁爱之心，即具有一种同情悲悯的心境和宽大的胸怀。只有仁爱才能为智慧把握方向，将聪明智慧用到正路上。

三国中期，神机妙算的诸葛亮由于南蛮有叛乱，决定出兵南下。而本来已被平息叛乱的南方彝族首领孟获非常不服气，将手下全部召集起来，要同蜀军决战。

诸葛亮知道孟获这个人骁勇善战，而且在他的部族中非常讲义气，部族中的百姓都很信任他，因此听命于他，他甚至对汉族人统辖的领地也有影响力。

诸葛亮希望能招降他，而不愿意将孟获杀死。两军开战时，孟获虽然骁勇善战，但有勇无谋，屡次被诸葛亮用计谋击败活捉，却又放他回去再战。有一次孟获再次被活捉俘虏，觉得自己死期将至，于是他对诸葛亮说，就算要死，也应该死在战场上，而不是俘虏被杀，只要让他再战一场，这样就足够了。没想到诸葛亮亲自过来为他解开绳子，并诚恳地希望他能归顺蜀国。

可是，孟获并不服气，认为这次被俘只是他大意了。诸葛亮也没有多说，而是邀请他参观精心布置过的兵营，并且故意询问孟获："这个兵营你看看布置得合不合理？"

孟获当然不会放弃这么好的机会，当他看到兵营之中都是些老弱病残时，傲慢地说："我原来不知道你们的军营里还有这么多老弱病残，真是我大意了，下次我一定赢你。"

诸葛亮只是一笑了之，然后又将他放回去。就这样，在最后一次作战中，孟获联合了所有部族的首领一同进军，希望能大破蜀军，没想到又被诸葛亮识破，仍然吃了败仗，被打得七零八落，损失惨重。这时蜀军的军营中传出话来，让孟获回到部落重新再战，那些联合起来的首领们让孟获拿主意。孟获激动地说道："我们打了败仗，被七擒七纵，这样的事情从来都没有听说过呀，丞相这样对待我们，我怎么还有脸和丞相作对呢？"最终，孟获带领部落归顺了蜀国。

诸葛亮深谙儒家思想中的伦理道德，他充分运用自己的智慧和仁爱之心，最终感化了顽固的孟获并取得他的信任，为增强蜀国实力增添一份力量。

南怀瑾先生认为，这个世界上会有很多与我们意见不合、想法不一的人，运用自己的智慧和仁爱之心对待他人，会让人钦佩。有了这两种精神，我们的生活就会少了很多苦闷，平添很多愉悦。

坚毅与勇气是成功的核心

南怀瑾先生认为，做人做事应该有恒心、有毅力、有勇气。困难不会阻挡勇者的脚步，越是逆境中越体现出我们的价值，通向成功的路都是用汗水铺就的，只有持守坚毅，我们才不会在激烈的竞争中一败涂地。

春秋时期，吴国与越国打了一场大仗，越国惨败而归，就连越国的国君勾践也被俘虏去了吴国，要服侍吴王，甚至还要做吴王的脚踏。每天晚上，勾践就睡在柴草堆之中，白天上朝时吴王还在众人面前羞辱他，让他当牛做马。

这些事情勾践都记在心中，但是表面上并不流露出来。

一天夜里，勾践叫来了他的心腹，让心腹回到自己的国家，暗地里找些十几岁的幼童，每天习武练剑，训练他们的战斗素质。他自己在吴国装傻，假装对吴王臣服，百依百顺，但是心中却牢记亡国之耻。

直到有一天，吴王屡次试探勾践之后，认为他不再有威胁，就将他放回越国。

勾践回到越国后，在睡觉的地方铺上柴草，并且悬挂一只苦胆在上面，每天都要尝尝苦胆的味道，睡前问自己一句：“你忘记了亡国的耻辱吗？”

就这样，勾践积极地强军扩军，十多年后，越国的军事力量变得极其强大，最终勾践率领自己的军队，一举击破了吴国，打败了吴王夫差。

历史上的许多英雄伟人都是在艰难与困苦中磨练出来的，因为他们坚毅果敢，有永不放弃的决心。而那些因各种原因半途而废的人，注定沦为失败者，因为成功永远属于那些智慧、仁慈和坚持不懈的人。

诚者，择善而固执之

你要选用一个真正的心理上的善的行为、道德的行为，抓得牢牢的。先求专一，使自己思想能够专一而不变。

——南怀瑾

人生的道路上充满了岔路口，一路成长要经过无数个这样的路口，选择对于人生来说非常重要。我们做出什么样的决定，就意味着今后要过什么样的生活。所有的快乐与悲伤、幸福与痛苦都源自于我们的选择。选择无论对错，结果都需要自己去承担，因此在人生大事上做出选择时一定要慎重。

南怀瑾先生在《中庸讲记》中讲到，我们要做一个专一的人，要去寻找那些美好的事物，然后选择其中一些，坚持不懈地实现它们，这样人生才能达到“诚”的境界。

人生需要正确的选择

不同的选择实现不同的人生。南怀瑾先生认为，面对选择，我们需要客观冷静地思考，而一旦做出了自己的选择，就应该为选择的结果负责。人生就是一个不断进行选择的过程，无需畏首畏尾，勇敢地选择、勇敢地面对、勇敢地完成，人生将会变得色彩斑斓。

希腊哲学家苏格拉底想告诉学生们关于选择的重要性。于是，他将三个学生带到一片田地旁边。此时正逢秋天，田里的小麦全都变成了金黄色，颗粒饱满。他要求学生从麦田的这一端进入，从另一端出来，挑选一颗最大的麦穗，而且在田地里只能向前走，不能后退，只有一次机会挑选自己看到的麦穗。苏格拉底说完，就让第一名学生进入了麦田。

第一名学生进入麦田，刚走了几步，就发现前面有一个大而且饱满的麦穗，于是兴高采烈地将这颗麦穗摘了下来。可是当他继续向前走时，又发现在后面还有许多麦穗比手中的更大、更饱满，可是老师说过一个人只有一次机会，所以他只能带着遗憾走了出来。

第二名学生听了第一名学生的经历后，吸取了他的经验教训，当他在麦田寻找时，看见大的麦穗，本来希望能摘下来，可是又想起了第一名学生的教训，更好的麦穗还在后面，于是他不断地前进，直到麦田的尽头，才发现自己两手空空，错过了所有的麦穗。

第三名学生看到前两人的结果都不尽人意，细细思考了一番，进入了麦田。他将麦田分成相等的三段，然后在第一段中，将遇见的麦穗分为大、中、小三类。在经过第二段时，发现麦穗跟在第一段看见的大、中、小差不多。最后在经过第三段时，按照之前的规律，从中挑选出了一颗最大的麦穗。虽然这个麦穗不一定是整片田地里最大的，但已经是在这一路走来的过程中最好的选择了。

人生是一道巨大的选择题，我们不断前行，就会不断做出选择，因为人生不能重来，所以选择非常重要，面对选择不能草率也不能犹豫。否则当我们走过人生大半时，就会发现从一开始就已经做错了，或者发现犹豫太多而错过了大好时机，最终造成两手空空，一事无成。

人生同样需要坚持

南怀瑾先生认为，相对于选择来说，坚持更加重要。事实上，生活在瞬息万变的社会中，坚持到底和半途而废也是两种不同的选择。很多人决定要做一件事情时，宏伟目标历历在目。可是经过一些辛苦之后，信心开始动摇，或者被其他目标吸引，因此半途而废。

所有半途而废的事情即便开头再华丽绚烂，也是毫无用处的。南怀瑾先生劝诫世人，不妨在放弃的时候想一想，为什么当初花了那么多的时间勾画这个梦想。每个人只要执著地做一件事情，就注定不会轻松，甚至坚持做下去也不一定会成功，但是如果中途放弃，就意味着之前的努力全都付诸东流，而且连成功的希望都没有。

我们每个人都拥有梦想，也都希望实现梦想。但人生当中坚持不懈做一件事，有时比获得成功更重要，因为最美丽的风景都在沿途，而不是在终点。人们在不断向成功发起挑战的过程中，必定会遇到坎坷、挫折、困难，同时也会经历成长，增强信心，塑造坚毅的人格，这些都是生命中更为可贵的东西。

达·芬奇是欧洲文艺复兴时期伟大的画家，他的成功并不是一两天练就的，而是从不间断地坚持和努力，反复磨练自己，最终才成为远近闻名的大家。

达·芬奇小的时候，就对绘画特别感兴趣。他的父亲很支持他的兴趣，将他送到了意大利的佛罗伦萨，师从意大利著名画家佛罗基奥。老师看他还很年幼，需要大量的练习才能掌握绘画窍门，于是让他每天画鸡蛋，什么时候鸡蛋画得好了，就可以开始学习绘画了。

于是，达·芬奇开始每天刻苦地练习画鸡蛋，画了一段时间，他认为蛋已经画得很不错了，心中就生出厌恶，变得很不耐烦。老师发现了这个情况，语重心长地劝导他："蛋其实是绘画之中最难画的，你看看你画的这么多张蛋，这里不会有两个是一模一样的，因为鸡蛋从不同的方向看上去，都会有所差别，所以画出来的轮廓也会不一样，你要想学好画画，首先应该将鸡蛋画好。"

达·芬奇听了老师的话，发现鸡蛋的形态果然千变万化，从此安下心来，更加刻苦勤奋地练习，最终成为了文艺复兴时期欧洲伟大的画家。

南怀瑾先生说，在人生之中，坚持一件事却没看到成果时，通常是我们说的“陷入低谷期”，而这其实也是我们厚积薄发的最好时机。在这样的困难情况下，更需要我们不断坚持。失败的人往往都是在这一阶段承受不了辛苦劳累，而又看不到成功的希望，所以就放弃了。但他们并不知道，他们抛弃的是未来的成功，不仅如此，同时也将自己之前所有的努力都化为乌有。因此，凡是希望获得成功的人，要坚定自己的信念，坚持不懈地走到最后，就会看到一路花开，终点更是无比芬芳。

忠与信，人生的两大修为

这个“忠”字的意思，尽心尽力谓之忠。“信”，信任，能够言而有信。

——南怀瑾

在传统的儒家文化之中，忠诚与信任是很重要的两种美德。那么，什么是忠诚？什么是信任呢？所谓忠诚，就是没有隐瞒和欺骗，并且专心致志对待某人某事；所谓信任，就是对别人所说所行全都深信不疑。南怀瑾先生在《中庸讲记》之中谈到“忠”字，告诉我们无论是面对上司或者是面对下属及朋友，都应该真诚相待。而谈到“信”字，告诉我们，对待朋友、家人、上司、下属等等，都应该去信任他们，而且说话做事都要有信誉。这样看来，做人做事，忠与信是非常重要的两点。

忠诚和信任相互依存，不可割裂，一个忠诚的人能够获得他人的信任。“忠”是维系“信”的良好纽带，而“信”又是对“忠”的最佳阐释。

忠诚是灵魂的本色

忠诚不仅仅是人的基本素养，还是一种为人处世的能力。因为对于人类来说，喜新厌旧是一种本能的趋势，而忠诚则是人类自我做出的理性选择。

南怀瑾先生认为，一个人活在世界上，忠诚是最起码的做人标准。对家庭、对事业、对爱人、对团体组织忠诚，工作上态度积极，说一不二，对言行负责，这不仅是一种敬业态度，也是一种积极向上的生活态度。没有最基本的忠诚，就不会有工作上的动力，更不会取得事业上的成功。

保罗是一名汽车厂的修理工人，他每天辛勤地工作，工作之余，喜欢去买一张彩票，虽然他每次都不能中奖，但是觉得生活还是需要一点希望。一次，保罗下班后，在半路上被老板叫住了，原来老板也是个彩票迷，老板委托保罗去为自己购买五张彩票，并给了他一张钞票。之后，保罗到销售彩票的商店，为老板先购买了五张彩票，谁承想，就在他购买的彩票里，有一张中了五百万的大奖，还有一张中了一辆小轿车。这真是一个天大的好消息，可是保罗知道这个好消息跟自己没有什么关系。

保罗心里开始了激烈的斗争，他非常清楚这一份大奖对于他的家庭有多么重要，如果有了这五百万奖金，孩子可以接受更好的教育，而他也可以不用再继续做修车工了。他自己也买彩票，完全可以将大奖说成是自己的，然后由自己来领奖。实在不行，自己可以领走其中一样，然后将大奖交给老板来领取。

保罗深思熟虑后，拨通了老板的电话，他告诉老板中了两份大奖。而当他说完话的那一刻，脸上露出了开心的笑容。

老板被保罗的忠诚感动，将那辆小轿车作为奖励送给保罗，并给他安排了更好的职位，成为负责重要部门的主管。当有人问老板，为什么提拔一个修理工当主管。老板说，一个忠诚而不贪财的人，必定对工作和公司有百分之百的忠诚，所以他可以胜任主管的职位。

忠诚就是在没人监督的情况下，在面对巨大的利益诱惑时，依然坚守心中的底线，这是一种理性的选择。在许多场合中，没人能够约束我们，只有内心的忠诚是做人的最后一道防线。

信任是内心的回音

古语常说：人无信则不立。信任是人与人之间交流沟通的桥梁，我们之所以能与其他人相处和睦，朋友之间、家庭成员之间的和谐关系，都是基于信任、依靠信任来维系的。

南怀瑾先生说，人与人之间的和谐相处是不能缺少信任的。信任如风如水，吹拂滋润人际关系和情谊。人生中最幸运的事情，莫过于被别人信任，而人生中最悲凉的事情，就是世上没有信任自己的人。

曾经，有一个青年因为冒犯了国王，犯下了死罪。在临死前，他希望能够见一见自己的老母亲，并好好地与她道个别。国王同意了，但是有一个条件：他必须找一个人来代替他去坐牢。这看起来是一个不可能实现的事情，根本不会有人同意冒着杀头的风险来代替他坐牢，如果在行刑之前这人没有回来，没命的人可就是自己了。

但是国王没有想到，这位青年的一位朋友愿意替他去坐牢。终于，青年如愿以偿地回到了家与母亲道别，人们也非常好奇，都关注着这件事情的发展，不知道青年会不会回来。时间一天一天地过去，青年并没有回来。人们都对他的朋友说，那个家伙不会回来了，你上当了。

行刑的那天下着小雨，当青年的朋友被押上了断头台，正当利斧提起时，远处一个年轻人的身影飞奔而来，他一边跑一边大喊："我回来了，我回来了！"

这个消息很快传到了国王那里，国王感到非常不可思议，决定来到刑场，看一看这位青年，见他正跟朋友拥抱，说着感谢朋友的话。最终，国王认为青年是一个信守承诺的人，因此他的朋友才会如此信任他。国王受到感动，认为对一个守信的人不应该判处死刑，于是亲自赦免了青年的罪。

由这个故事可以看到，信任对于朋友之间的情谊来说是多么重要。南怀瑾先生认为，我们的社会要成长，就必须有忠诚和信任。忠诚是恪守自我的责任，而信任是人类感情的交汇，在忠诚和信任上，大家都需要勇气，不能畏首畏尾，"前怕狼后怕虎"。如果世界上失去了忠诚和信任，充满尔虞我诈和疑神疑鬼，那么我们的社会也不会和谐。

小不忍则乱大谋

人要忍耐，凡事要忍耐、包容一点，如果一点小事不能容忍，脾气一来，就会坏了大事。

——南怀瑾

《论语》中有言："巧言乱德，小不忍则乱大谋。"意思是说，花言巧语能败坏德行，不能忍耐小事就会影响大事情。南怀谨在《论语别裁》中解释说，处事的时候，"忍"字可做"决断"用；对人的时候，"忍"应该做"忍耐"、"包容"的意思来用。一个人对别人要宽容，不能太苛责，否则就会失去朋友，被孤立起来。

所以"小不忍则乱大谋"有两层含义：一层是说人凡事要忍耐、包容一些，如果连一点小事都不能容忍，那么就会坏了大事。另一层是，做事要有韧劲、有决断，排除其他情绪的干扰坚忍下来，这样才能做成大事。

薄责与人，则成大事矣

孔子有言："薄责与人，则远怨矣。"意思是说，一个人如果对别人少一些苛责、多一些宽容，就能够避免别人怨恨他。现实生活中，能够做到这一点的人往往拥有良好的人际关系。南怀瑾先生认为，这种宽容又不刻薄的人，往往在生活中能获得更多机会，在事业上也能比别人取得更高的成就。

汉宣帝时的丞相邴吉，因知大节、识大体而闻名朝野。邴吉对下属从不责备，下属表现好的话，他就大力表彰；下属犯错有过失了，只要在原则底线之内，他都给予原谅和宽容，尽可能谅解别人。

有一次，邴吉的车夫喝醉酒驾车出行，不料吐在他的车上。侍卫看到这种情况非常恼怒，将此事告诉了邴吉，强烈要求将酗酒的车夫赶走。而邴吉却说："如果因为此事将他赶走，那么他以后的谋生之路必定更加艰难。我们且容忍他一下，他如果知道悔改，就不再惩罚他。车上的坐垫脏了，换一个就行了。"车夫得知邴吉对他的态度后，十分感激，并发誓以后不再酗酒，从此工作兢兢业业，再也没有任何差池。

后来，车夫在一次外出时，偶然碰到边郡发送紧急公文的人，车夫从驿骑那里得知敌人已入侵，便急速回到相府，将消息报告给邴吉。没一会儿，宣帝就召见丞相和御史，询问他们该如何应对。御史大夫仓促间不知如何应对，而邴吉因为在路上已经分析过情况，所以有所准备，提出了自己的策略。宣帝见到这种情况，认为邴吉忠于职守，时刻忧虑边事，而御史只知享受安乐，于是宣帝褒奖了邴吉，而对御史大夫的表现加以责备。

事后邴吉感叹说："士不能没有容人之量，人的才能各有所长。如果我当初因小事赶走了车夫，恐怕今天也像御史那样应对无措？不能及时给皇帝出言献策了！"

古今成大事者，大多都如邴吉一样，对不违反原则的小事有忍耐之心，不会像平常人一样乱发脾气。正如南怀瑾先生所言，人不能有"察察之明"，若是对别人的任何缺点都不能容忍，那么你的朋友就会越来越少，人生之路也会越走越窄。《汉书·成帝纪》对帝王有这样一句训诫之话："崇宽大，长和睦，凡事恕己，毋行苛责。"可见，越是成大事、身居高位之人，越是需要懂得宽人克己这一原则。至于平凡的普通人，如果想让人生之路越走越宽阔，对他人宽容就是处世的重要原则之一。

忍小而谋大

南怀瑾先生说“小不忍则乱大谋”的“忍”，还应该包含“决断”之意。碰到一件事情时，能够坚定地做出决断，不受感情干扰，便可成事。不能当机立断，反而姑息养奸，也是一种“小不忍”，结果就是“乱大谋”。孔子说“巧言乱德”，所以当他在鲁国当上司寇，上台的第一件事就杀了少正卯。这是为什么呢？因为孔子认为他言伪而辩，如果不杀就会乱了国事。一个没有道德修养的人，将思想言论散布在社会中，会混乱人们的思想，如果将其视为小事，任其发展下去，一定会误了大事。孔子就是明白这样的道理，所以才果断地将少正卯杀了。少正卯在鲁国开私学收徒，影响力很大，孔子杀他的时候有人说孔子“嫉贤”。尽管会招来这样的误解，孔子也丝毫不顾及，忍耐一切闲言碎语，坚决处死了少正卯。我们处事之时，若能够像孔子一般有决断力，不姑息养奸，不受外界杂言影响，那么就能够做到“忍小而谋大”了。

“鸿门宴”的故事家喻户晓，有人赞叹刘邦的机智，有人为项羽的犹豫不决而扼腕叹息。而叹息项羽失天下的人当属其“亚夫”范增。作为一个谋臣，范增深知政治的利弊要害之切，多次举玉玦示意项羽除掉刘邦以绝后患，而项羽却犹豫不决，不忍心杀刘邦，让刘邦伺机逃跑，最终辛苦打下的江山被刘邦一点点吞噬。项羽站在乌江回首的时候，应该会为自己当初的“小不忍”叹息，因为一时的姑息不忍，片刻的犹豫，最终落得如此地步，无法完成霸业，愧对江东父老的期望。

南怀瑾先生说：“对人的时候，我们要对其忍耐包容。而处事的时候，我们要做到当机立断，不姑息养奸。”所以，如果我们想要“谋大”，必先学会“忍小”。

量力而为之，谦虚好学之

求学问的态度，最重要的，是虚心学习，“知之为知之，不知为不知，是知也”。即所谓一个人要平实，懂得就是懂得，不懂就是不懂，这就是最高的智慧。

——南怀瑾

有时候，人们非常注重外在的面子，很容易犯的一个毛病就是：一些学问和知识，明明不懂得，硬是假装自己懂得。因为缺少内在真正的谦虚，就想夸大自己的才能，总觉得如果让别人知道自己不懂，是一件很丢面子的事情。

南怀瑾先生在《论语别裁》中讲：有此事必有此理，若不懂此理，那是学问不够；有此理必有此事，若没有见过此事，那是经验不够。有很多人对自己不懂的事或没见过的事，嗤之以鼻或者妄下断语，这是不正确的。因为“知之为知之，不知为不知”，不能随便将不知道的事说成没有，这是做人做学问应该持有的态度。

量力而为之

一个真有学问的君子，对一件事情不了解，不会乱下断语。懂就是懂，不懂也不勉强说懂，坦诚地告诉别人自己不懂，这才是所谓君子的风度与修养。当别人请教问题时，只将自己懂的东西讲给人听，如果不懂的，不要装懂更不要胡说八道，误导别人。南怀瑾先生认为，无论是传授知识还是帮助别人，都要量力而为，不要夸下海口大包大揽，最后帮不到人，反而给人添麻烦，让别人失望。长此以往，就会留下一个夸夸其谈、喜欢吹牛的坏名声。

《论语》中有这样一个故事，孔子做鲁国司寇时，参与了代表国家、王室的宗庙大典。他进了庙堂以后，对每件事都要问清楚，向人请教，走哪里？坐哪里？连细枝末节的琐事也都问人。有人笑他说，大家吹捧孔子是个了不起的人，说他处处懂礼，可是他进了大庙，却什么都不懂，事事都要向人请教。这话被孔子知道了，他说："不懂的事情，请教他人，这正是礼啊！"

由此我们知道，所谓谦谦君子，大概说的就是孔子这样的人。一般人总觉得，向别人请教就低人一个层次，有不懂的地方也不愿去问。但真正有学问的人往往表现得更加谦卑，正因为这种诚恳认真的态度，会使自己的知识和修养得到提升，成为更有学问的人。

正如孔子一般，他作为鲁国司寇参与大典，知道大典上有很多不懂的事情，为了确保典礼顺利进行，他要亲力亲为，认真学习了解每一件事情，每一道流程都精益求精，不懂的事情就谦虚请教别人。对于这些繁缛的礼节，孔子并没有假装懂得，他做事量力而为，不夸大自己的能力，即便别人嘲笑他，他仍然认为不懂就问正是遵礼的做法。

就像南怀谨先生所说：假如出国到了别人的国度，风俗习惯不同，对人家的事，不懂的也应该多问。到人家的家里也是一样，求学问也是一样，做事也是一样，诚恳向人请教，就是礼的精神，也是做人的道理。

谦虚好学之

希腊的哲学家捷诺说："人的知识就像一个圆圈，圆圈里面是你已知的知识，圆圈外面代表的是你的未知。你会发现圆圈越大的人会越觉得自己的知识很不足。"好学之人，应该保有一颗谦虚坦诚的心，既要了解自己知道什么，也要明确自己不知道什么，将姿态放低，才能如海纳百川一般，将别人的智慧与知识纳入自己的头脑。

唐代著名书法家柳公权，少年时代就写了一手好字，被人夸奖多了，不免有些骄矜自满。有一天，他与几个朋友聚在一起，写下“会写飞凤家，敢在人前夸”几个大字。众人全都夸奖、赞美他，正当他洋洋得意时，一个卖豆腐的粗汉正好路过，好奇地端详柳公权的字，看了半晌，皱眉说道：“这字写得太无力，就像我的嫩豆腐一样，软绵绵的，没有一点筋骨和力量。”柳公权一听，十分不服气，怒气冲冲地说道：“你有本事的话，也写几个字，让我见识一下。”

卖豆腐的人呵呵笑道：“我只是个卖豆腐的粗人，根本不会写字，可是有人用脚写的字，都比你好得多。你要是不信，就到城里去看看吧。”说完卖豆腐的敲着梆子走了。柳公权听了半信半疑，于是匆忙进城，寻找那个用脚写字的人。

果然，在一棵大槐树下，他看见一个失去双臂的黑瘦老人，正赤着双脚，坐在地上，左脚压纸，右脚夹笔，抬笔挥洒自如地写着大字。老人的笔法十分娴熟流畅，字迹龙飞凤舞，异常有力。围观的众人赞叹连连，由衷感佩老人。柳公权看了老人写的字，顿觉惭愧万分，于是跪在老人的面前，诚恳地说：“柳公权愿拜您为师，请您告诉弟子写字的秘诀。”

老人语重心长地说：“我没有双手，一生穷困潦倒，只得靠双脚写字来生活，谈不上有什么秘诀。”柳公权苦苦相求，老人见他态度坚决，于是在地上铺了一张纸，用右脚写下了几个字：“写尽八缸水，砚染涝池黑。博取百家长，始得龙凤飞。”老人解释道：“我用脚写字五十多年了，磨墨练字用完八大缸水，每天写完字就在大池塘里洗砚，连池水都被染黑了。但是天外有天、人外有人，距离真正的高手还差得远呢！”

柳公权听了老人的一席话，这才恍然大悟。从此以后，他再也不敢骄傲自大，练字更加勤奋，还经常拜访各地的书法名家，向他们虚心求教，并让人指出自己书法中的缺点不足。最终“功夫不负有心人”，经过多年的苦练，柳公权成了流芳百世的著名书法家。

南怀瑾先生说，日中之后是西斜，月圆之后必定亏缺，物盛必衰，这是天地之道。人也是如此，如果过于自满就会碰壁跌倒。所以说：“君子做人不自大，有功不自傲。”虚己待人是提高自身境界的前提，而谦虚好学，不耻下问才能受人尊敬。

子与人歌而善

人生如果没有一点儿文学修养的境界，是很痛苦的。现代的中年人，有许多心情很落寞，原因就是精神修养上有所缺失。

——南怀瑾

《论语》中说："子与人歌而善，必使反之，而后和之。"孔子遇见善于唱歌的人，一定要让他再唱一遍，然后自己再照他的歌和音乐曲调，另外再和一首。孔子平生爱好文学，喜欢诗歌，曾经对内容杂乱的周朝诗歌进行删改，最后定为"诗三百"，后人称之为《诗经》。可见，孔子是很喜欢音乐和文学的，尽管他一生落魄失意，但也非常注重培养自己的文艺修养和才能。

南怀瑾先生曾讲，很多朋友退休后没事做，一天到晚无所适从，我就劝他们从事文学与艺术的研究，这样既有了事情做，又提高了自己的修养。生活是一种艺术，我们要学会和它相处，这样生命才不会在漫漫的时间长河中变得毫无生机与活力。

文艺令人内心和谐

现代人生活压力大，整日为生计赚钱忙碌，根本停不下来休息，所以通常都有焦虑的情绪。南怀瑾先生说："现代人到底需要什么？在内心深处你曾经问过自己吗？如果问过，你满意自己的回答吗？现代人面临最大的问题，是要克服心灵深处的混乱，追求内心和谐平静的境地。”国学大师季羡林先生曾在自己95岁生日时说：“有个问题我考虑了很久，我们讲和谐，不仅要人与人和谐、人与自然和谐，还要人内心和谐。”可见，一个人保持内心的和谐是多么重要！现代社会的物质享受提高了，但人们的内心却变得焦躁不安。人们常常安静不下来，更不会跟自己独处，到处寻找安全感却始终失望。人们对物质的依赖越来越严重，而精神上却越来越空虚，这都是因为内心缺乏一种和谐。

但是如何获得内心的和谐平静，许多人对此十分茫然，有人喝茶养生，有人写字绘画，有人把玩古董，各有各的办法。而南怀瑾先生认为，文艺陶冶情操，是让人内心保持平静和谐的最佳妙法，喜欢唱歌跳舞的人一般都很快乐，而喜欢文学的人多半能放慢生活节奏，欣赏到生活中美好的风景。

明末清初的文学家李渔是浙江兰溪人，在少年时就有“神童”的美称。崇祯八年，李渔去参加童子试，一举成为名声大噪的“五经童子”。但李渔在之后的科考中却连连失利，最终只得一个秀才功名。后来明朝覆灭，入清后他不想当官，但又无法依靠做学问养活自己，所以只能辗转到杭州自谋生路，开始创作小说、戏曲等文学作品，他的这些作品极其贴近生活，深受各阶层人士的欢迎。

李渔终其一生靠辛勤的创作养家糊口，组织戏班子到处表演，他对生活的酸甜苦辣有真切的感受，始终保持平静和谐的心境，因为文学和音乐带给他乐观悠闲的性情。他写出一本《闲情偶寄》，除了记载戏曲理论之外，还谈到如何享受生活。李渔说写这本书的目的是为了点缀升平，他所处的时代是一个太平盛世，每个人都有时间、有财力来享受生活，因此可以有一些闲情逸致，用文艺来丰富自己的精神世界。后世的周作人对李渔很是钦佩，他认为李渔虽然不是中国最优秀的作家，却是一个真正懂生活的人，他说：“李笠翁当然是一个学者，他是了解生活法的，绝不是那些朴学家能够企及的。”

保有内心的和谐，才能体味出生活的艺术，而文艺就是那个能让人在纷繁复杂的世界中平静下来的良药。正如南怀瑾先生所说：“几千年来，垂暮的读书人，一天到晚忙不完，因为学养是无止境的。”能够在繁忙的生活中静下来，与自己的内心和谐相处，品一杯茶，读一本书，唱一支歌，这样的人才真正懂得生活的意义。

广博易良，乐教也

孔子曾说：“广博易良，乐教也。”意思是说，音乐的要旨是使人养成“广博”伟大的胸襟，让人由坏变好，由骄横暴躁变得平易善良。西方著名的思想家柏拉图也曾说过：“用音乐陶冶心灵。”可见音乐对于完善人格能起到独特的作用。生活在纷繁杂乱的世界上，想要不被世间烦恼牵引，保持自在欢快的灵魂，音乐是不可或缺的生活伴侣。

1949 年的法国乡村有一位才华横溢的音乐家，但是由于条件限制，他的才华得不到施展，只能在一所男子寄宿学校当助理教师。这所学校的大部分学生都是犯过罪的、难以管教的问题少年。他到任后发现校长以残暴高压的手段管理这些问题少年，体罚和责打在这里司空见惯。音乐家想尝试用自己的方法改善这种状况，于是他闲暇时创作一些合唱曲，教那些顽皮的孩子唱歌。

刚开始有很多学生故意捣乱，唱得令人头痛，但是音乐家没有放弃，一遍又一遍耐心教导。慢慢地，孩子们在他认真的教导下，歌唱得越来越好。与此同时，他们的性情也在逐渐发生变化：以前忧郁沉闷的孩子变得开朗，调皮捣蛋的孩子变得温顺。他将这些孩子组成一个乐团，一起合作出一首歌曲，院长看到此情此景也感到十分慰藉。

就这样，音乐家用纯净的音乐唤回了孩子们冰冷的心，解脱了束缚孩子们身心的绳索，抚平了他们受伤的心灵。因为音乐是神圣而纯净的，不但能净化人的心灵，还能对性格塑造和人生选择产生重大影响。

正如南怀瑾先生所讲：“音乐是人生不可或缺的人生伴侣。它能够改变你的性情，丰富你的精神世界，让你在这喧嚣的世界中安静、平和下来。”如果那群令人头痛的学生没有接触到音乐，他们的心灵没有感受到音乐的魅力，那么就可能继续堕落下去，这对社会无疑是一种潜在的威胁。

而现代人由于社会竞争压力逐渐增大，越来越重视能赚钱的东西，缺少了精神上的启迪与教育。这种现象持续下去，会影响心智的发展，令人们对情感和精神生活漠不关心。所以，要想拥有丰富多彩的人生，要想读懂生活这门艺术，精神修养和文艺熏陶是必不可少的。

第七章

南怀瑾谈儒学中的生活智慧：

人生不过一念之间

第七章

南怀瑾谈儒学中的生活智慧：人生不过一场修行

中国人的思维方式、行为方式和生活方式，在儒家“润物细无声”式的渗透和影响之下，形成了中华民族特有的做人做事的风格。儒学中的生活智慧，可以教人处世行事，学会正确协调各种关系，可以使人博古通今、增长见识，同时也给人一种美的享受，体验真善美的幸福与快乐。南怀瑾先生认为：儒家的生活智慧是追问生命的学问，是一种内向性文化，侧重于对生命价值的开拓；儒家倡导“仁爱”思想，着重实现内在的超越，寻求天人合一，从小我到大我，再到关怀家国天下的境界。

享受生活，但不要玩物丧志

当一个社会艰难困苦的时候，一个人为了自己的爱好而耗费过多的精力物力的话，并不能说他是明智的。

——南怀瑾

在《论语》中孔子也说："臧文仲居蔡，山节藻棁，何如其知也？"当藏文仲给自己喜欢的小狗盖华丽奢侈的房子时，一般人都觉得他很智慧。而孔子则不这样认为，他觉得这不算智。因为他觉得像藏文仲这么有影响力的人，这样的做法只会传达给社会一种只顾私欲的思想，而将普济社会的志向抛之脑后。正如《尚书·旅獒》中说："玩人丧德，玩物丧志。"南怀瑾先生也说，以现代社会而言，如果一个有权位的人家，给所养的小狗盖栋小洋房，就未免太过分了。

生于忧患，死于安乐

南怀瑾先生在《孟子旁通》中举了几个例子，从秦始皇建阿房宫，到慈禧太后建颐和园，都是玩物丧志的历史教训。我们应该懂得享受生活，但要做到玩物养志而不要沉迷于玩物。无论怎么享乐，志绝对不可以丢弃。一旦失去了志，就已经不是在"玩物"了，而是在被"物"玩得团团转。

南怀瑾先生在一次演讲中说道："你们只晓得开放发展，拼命搞建筑发财，每人都活得很高兴。但是注意孟子有两句话：'生于忧患，死于安乐。'这就是中国文化。孟子说，国家、个人、社会只有不断克服困难，才能不断兴盛健康起来；如果大家放松了，只向钱看，只谈享受，那么结果就可怕了。"

孔子曾在鲁国当司寇，但在短短的3个月后就离开了。这是为什么呢？《论语》中有详细记载，说各国看到鲁国用了孔子，都非常担忧，尤其是想要攻打鲁国的齐国。于是齐国送给鲁定公很多漂亮的女乐，孔子坚决主张不能接受，担心这会使鲁定公沉迷下去。但当权的季桓子却开了先例，接受了齐国送来的那些女乐。孔子看到这种情形，预知到鲁国将要完了，便离开了。果然，不久之后，由于季桓子沉迷于此，而荒废了治理国家的大事，最终成为了一个落魄的亡国之君。悔之晚矣！

还有另外一个故事：春秋时，卫懿公是卫国的第十四代君主，他特别喜欢鹤，整天与鹤为伴，如痴如迷，丧失了进取之志，常常不理朝政、不问民情。他还让鹤乘高级豪华的车子，比国家大臣所乘的还要高级。为了养鹤，每年耗费大量资财，引起大臣不满，百姓怨声载道。公元前659年，北狄部落侵入国境，卫懿公命军队前去抵抗。将士们气愤地说："既然鹤享有很高的地位和待遇，现在就让它去打仗吧！"懿公没办法，只好亲自带兵出征，与狄人战于荥泽，由于军心不齐，结果战败而死。后人有诗云："曾闻古训戒禽荒，一鹤谁知便丧邦。荥泽当时遍磷火，可能骑鹤返仙乡？"

正如南怀瑾先生所说安逸享乐的环境会消磨人的意志，使人耽于享乐，不思进取，坐以待毙。

有一个有趣而令人深思的实验：把一只青蛙猛地扔进滚烫的油锅中，它能够靠本能的反应一跃而出，逃离险境。但将青蛙放进逐渐加热的水锅里，它感觉到舒适惬意，不会有危险意识，等到危险来临的时候已经欲跃无力了，最终丧身在锅底。

因此，过于安乐的境况也许正预示着危险的来临，清醒的忧患意识可以令人不断进取提升，不至于在毫无准备的安逸中走向灭亡。

业精于勤，荒于嬉

古今但凡有所成就之人，都和勤奋分不开：王羲之苦练书法直至池水变成墨色，终成书法大家；苏秦锥刺于股内，发愤读书，终成政治名家；孔子生前无一日不读书，终成教育家。而一个人一旦沉迷他物，只顾享受玩乐，那么所拥有的将会被荒废。英国国王路易十六就是这么一个人，他虽生于帝王之家，却对国家大事兴趣寥寥，反而喜欢摆弄机械制造出一些小玩意儿，尤其喜欢研究制造锁。最终导致自己的国家被攻陷，自己被架上断头台。真是令后人为之叹息啊！

唐玄宗刚登上皇位时，因为曾经亲自探访民间，了解民间疾苦，深感自己责任重大，国家繁荣之路犹长。于是，他励精图治，每日批改奏折到深夜，第二天依然按时早朝。兢兢业业十几年，终于达成了自己的愿望，有了历史上的“开元盛世”。当他看到国家在自己的努力下，终于有条不紊地走上了繁荣之路后，心中卸下了许多负担，开始放松起来。他从每月一次的宴饮作乐到每周一次，当他发现拥有倾国倾城美貌的杨玉环后，心中的占有之欲兴起，使用各种手段得到之后，更是沉迷于她的美色不能自已。此时的他已经月月不早朝，终日里与美人在后宫享乐。终于他一手创造的繁荣盛世被奸臣宦官所掌控，自此之后，民不聊生。唐玄宗终于一步步走向灭亡，最终丢了江山也失了美人。

身为一国之君，他花费在自己个人爱好上面的精力物力多过自己治理国家的正事之时，就不是一个明智的君王了。业精于勤，荒于嬉。唐玄宗的一生很好地验证了这个道理。

欧阳修在《五代史伶官传序》中说“忧劳可以兴国，逸豫可以亡身。”所以，我们在享受安逸生活时，要时刻提醒自己不要沉迷于享乐之中，要时刻观望自身的环境，去提高自己、改善自己，才不会被安乐的生活渐渐消磨掉自己的意志。

学会寻找健康的乐趣

在现代成功观念的错误引导下，人们逐渐把享受当成了拥有，有人为了金钱不择手段，为了权利争个你死我活。大多数人努力工作就是为了享受富贵的乐趣。南怀瑾先生认为，以富贵淫逸作为快乐的标准，这样的人永远不会获得真正的幸福。我们的生活的确应该劳逸结合，该工作的时候工作，该享受的时候享受，但是寻找健康的乐趣，比放纵享乐更为有益。

美国哈佛大学校长是一位很奇特的人，他对于享受生活有着自己独有的看法。

有一次，他向学校董事会请了 3 个月的假，走之前还叮嘱家人，不要问他去什么地方，他每周末都会打电话回来报平安。然后，自己一个人去了美国西部的一个农村，过起了一种全新的生活。他找到一家农场，并且在农场中找到了一份工作，同时还去餐馆当清洗工。他扛着农具在田间地头干活，有时还会在老板不知道的时候偷偷吸一支烟，偶尔和他的工友们聊上两句天，这些生活都让他感觉到非常快乐。

可是有一天，他在餐馆连续工作了 4 个小时后，老板却把他叫到面前，付给他当天的工资并且让他走人。老板对他说："你被炒了！伙计，你刷盘子实在太慢了。"然而，这位校长重新回到哈佛大学之后，面对着自己最熟悉的工作环境和最熟悉的日常工作业务，却觉得这些东西非常有趣，工作也充满了动力。

这位校长就是用这种方式来给自己的生活制造娱乐。娱乐是人类放松的一种方式，但是一旦娱乐超过了限度，就已经不再是娱乐，而是一种习惯性的无趣，最终让一个人成为放纵生命的行尸走肉。南怀瑾先生认为，通常人们在忙里偷闲时最快乐，享受生活但不要过度放纵，才会感受到生活的美好。如果一个人每天不思进取，自甘堕落地玩乐，就会让内心空虚，终身一事无成。

梦似人生，人生似梦

每个梦都很短，但是在梦境中，你却感觉很长，有时候岂止几十年！

——南怀瑾

人活一世，都会遭遇无数风风雨雨，体会艰难和失败，品尝酸甜苦辣，经历得到与失去。看尽了人间的沧海桑田才会成长，才会越发成熟。时光匆匆，当我们想起过去的那些快乐，才发现它们都已经成为最美好的回忆。明天终将会变为昨天，而昨天也终会成为记忆，当一个人回首往昔，才会意识到人生如同一场大梦一般，亦真亦幻。

梦中的许多东西，如金钱、名利，很容易让人迷失自己。人生也如同在梦中一样，难以分清其中哪些为真、哪些为假。南怀瑾先生在《人生的起点和终点》中，用“南柯一梦”和“黄粱一梦”为例，分析不同时代的两位主人公在梦里飞黄腾达，最后却落得悲惨下场。而当梦醒了，却什么也没有发生，仍然是孑然一身，一无所有。

所以说，梦似人生，人生似梦，既有真实的感受，也有虚幻的乐趣，了解了这一点，就不必执着于梦境，也能更真切地体会现实。

分清现实与虚幻

南怀瑾先生曾经感慨，人在做梦时，感觉梦中的一切都是那么真实，然而全都是虚无。生活中，也有着许多事情看起来非常真实，其实只是骗人的把戏。风云变幻，莫衷一是，如果总是处在梦境中而不知道醒来，那就是自欺欺人了。

人生的智慧之一，就是应该时时刻刻分辨现实与梦境，让自己存在于真实的世界当中，而不是活在自己的想象里。让自己保持一个理性的认知，就能清醒客观地看待这个世界；分清现实与想象，就不会沉迷于梦幻而无法自拔。

三国时期，司马昭邀请刘禅出席宴会，刘禅到了之后，司马昭命人专门表演蜀国的音乐和舞蹈，刘禅的下属和老臣们无不触景生情，为亡国而感到悲伤，刘禅却一如平常地欢乐嬉笑，无动于衷。

司马昭看到这种情况，就对贾充说："没想到这个刘禅居然已经愚蠢到了这样的地步，诸葛亮还在的时候，都不能辅佐他，一个姜维又怎么能够将他培养起来呢？"

贾充回应道："正是因为这样，您才能轻而易举地吞并蜀国呀！"

又有一次，司马昭问刘禅："你还思念曾经的蜀国吗？"

刘禅却回答："我在这里非常快乐，根本不会思念蜀国。"

刘禅的侍卫郤正告诉他："要是下次司马昭再用相同的问题问你，你应该哭着说：先辈们的墓地都在曾经的蜀地，我每天都在怀念着他们。"

后来，司马昭再次问起刘禅时，刘禅用郤正教他的话来回答，司马昭听了之后问道："为什么这话听起来像郤正说的呢？"刘禅听了之后，瞪大了眼睛望向司马昭，说："你说得确实不错，就是他教我说的。"听到这话，周围的人都笑了，从此司马昭放松了对刘禅的看管，再也不试探他。刘禅最终得以安度晚年，受封安乐公，在洛阳寿终正寝。

或许对于蜀国来说，刘禅的"乐不思蜀"不够忠义，但从现实的角度考虑，蜀国早已灭亡，刘禅一生都不可能再复国，如果沉溺于对故国的思念，是毫无意义的，只是寻求一种自我哀怜的虚幻感受。与其整天愁眉苦脸做一些没有意义的事情，倒不如看清现实状况，洒脱快乐地过好晚年生活。因此，这位素来被认为是"扶不起来的阿斗"就在现实和虚幻中做出了选择，彻底忘记曾经的蜀国，努力过好眼前的日子。虽然刘禅的做法在历史上一直被人诟病，但他确实得以善终，并且保住了他手下随从亲信的性命。

如梦一场，看淡就好

人在一觉醒来之后，做的梦大部分都已经忘记了。人生也是如此，晚年时回首往事，忘记的远远比记住的多。所以，南怀瑾先生劝诫世人，觉得应该付出努力的事情，就认真去做、尽力去做，就算失败了，也会成为生命中难以忘却的记忆，到了晚年都是一笔宝贵的财富。正因为人生如梦一场，对许多事情的结局不必看得太重，更没有必要沉沦于其中，耿耿于怀而无法自拔，一切随性，看淡就好。

唐朝时，有一位运输粮食的官员，他所管辖的运粮船在航行中发生了事故，所有运粮船都沉没了，让朝廷遭受了巨大损失。

他的上司在考核官员功绩的时候，为这位运输官员打分为："中下"等级。运粮官得知了这个评分后，没有提出任何意见，也没有任何怀疑和不满的想法。上司看到这个人的表现，仔细一想：粮船沉没不是他一个人应该负担的责任，而且他自己也无法挽救沉没粮船的命运，于是就把评分修改为"中中"等级。

那个运输官员依旧没有什么意见，也不说一句感谢的话，更没有什么感动的表示。上司看到他这个样子，称赞道："能够荣辱不惊，如此淡然处世，真是难得的人才啊！"于是就把这位运粮官的功绩考核等级评为"中上"等级。

世上有人将得失荣辱深藏在心中，有人因为得到了好处而得意忘形，还有人能够坦然从容地去面对一切，将人生经历的事情当作一场梦境，醒来之后忘掉它们，摆正心态面对下一场挑战。这正是南怀瑾先生倡导的人生哲学，正所谓"一梦一辈子，一辈子做一梦"，从前经历的多少事情已经遗忘在梦中，现在又有多少事情正在经历，也许在未来也会被遗忘，人生亦真亦幻，自当由心来把握。

所谓宁静，无须用心去求

不要用心去求静；一有用心，“君心正闹在”，早已不静了。

——南怀瑾

南怀瑾先生在《原本大学微言》中说，人类在治理水患的时候，洪水来袭，先用堤坝将洪水挡起来，不能一股脑地倾泻而下，而是通过其他的渠道，慢慢引导分流到不同的几个大湖泊之中。这样一来，原本十分凶猛的水势，在经过疏导之后进入湖中，再也兴不起什么大浪，而是在湖中微微流动，几乎趋于静止的状态。

治水的方法也适用于应对人生，人们需要有一颗宁静的心，才能理智地分析问题，调整自己的状态，放松身心，处理各种各样的麻烦。宁静不是止步不前，不是看破人世，不是安于现状，不是甘于沉寂，更不是自甘平庸，而是一种沉稳冷静的境界。真正宁静的人，身心俱静，无论处于喧嚣的闹市还是处于僻静的山林，心境都不会有所改变。

以静养生

南怀瑾先生说：“无妄想、烦恼，无杂念，进入清净无念境界，心里达净土境界，你会发现，前路很宽广。”他认为宁静并非指内心的毫无波动，而是能在不受到外界干扰的情况下，独自思考外界的事物，在和谐之中客观地看待纷繁复杂的世界。

作为一个普通人，身处气象万千的社会之中，拥有宁静的精神，不仅仅是为了远离外界环境的喧嚣，也不仅仅是内心的淡定不惊，其中还包含了一个正确的价值观、一个正直的人格、一个平常的心态、一个冷静的头脑、一种客观的思想。因此，南怀瑾先生认为，宁静就是豁达、冷静、淡泊。能做到这几点的人，生活就是快乐的。

南怀瑾先生曾说："凡夫跟佛很近，一张纸都不隔的，只要自己的心性见到了、清楚了，此心就无比清净。"灯火璀璨终阑珊，火树银花与我有何干？有句话：不求富与贵，唯愿海天长。无穷福禄，哪个死后又还阳？婆娑世界，若怀有万事万物与我如浮云的心境，则万事万物皆属我。把节奏稍微放慢一点，多留心看看道旁的花花草草。正所谓，静能养心，亦能养生。心静了，思绪就清澈了，如是，不就悟出人生了吗？

印光祖师开示："有唯心净土，方生西方净土。若自心不净，何能即得往生。"南怀瑾先生认为，世间的烦乱都只因心不清净，人们学习宁静，整日读经静坐，终究是为了去除心底的魔性，以求净心，希望以此参透世间诸事，活得轻松愉快，不再煎熬辛苦。

古往今来，许多留下贤名的人都是心净之人。他们能够认清自己真正的需求，因而能做到一生清净，不为俗世的名利纷扰所动。而儒家所说的宁静，没有一点渣滓，是绝对清净庄严的境界。

南怀瑾先生认为，人的生命常常忘记清净，总是用烦恼和欲望去消耗自己。这就好像全世界的人类都拼命消耗能源一样，能源全消耗完后，人类也就灭亡了。一切超凡的智能，如果不是在清净中是发挥不出作用的。生命的真正能源来自清净，身心彻底宁静下来，身体保持绝对健康，才能达得到更高层次的境界。静态是生命功能的一种状态，老子曾说："万物芸芸，各归其根。归根曰静，静曰复命。"意思是说，根是万物生命的来源，回归根才是静，能静才回归生命。比如有一杯水，胡乱搅动时，看不清楚里面有什么，等沉淀下来就能看透了。

宁静是人生的大财富

许多人之所以感觉生活很累，不堪重负，身体上的劳累只是一个方面，另外一个方面则是心理上的劳累。内心强大而且宁静的人，懂得自我调整，让自己的内心得到充分放松，而有的人则无法适应，最后深陷其中。每个人都有不同的情感、不同的思想、不同的交际，但是每个人都需要拥有一颗宁静的心。

在日本有一位修行十分厉害的高僧，法号白隐。在白隐禅师的居所旁，一对夫妇开了一家便利店，他们有一个十分漂亮的女儿。

有一天，这对夫妇发现自己女儿的肚子无缘无故大了起来。这对夫妇觉得非常耻辱，也让他们勃然大怒。在一再的逼问之下，他们的女儿只轻轻说出“白隐”这两个字。夫妇听了之后，发疯了似的在白隐的住处讨要说法。白隐禅师听完了所有的咒骂，轻轻地回答道：“事情就是这样吗？”

事情并未就此结束，相反，在那姑娘的孩子降生之后，生气的夫妇直接将婴儿送给了白隐，要求白隐抚养这个婴儿。

消息在街坊之中不胫而走，白隐禅师也因此受尽了羞辱和诽谤。

尽管名誉扫地，可是白隐禅师并不在乎，如同收养别人的孩子一样，他买来生活用品，细心地照顾这个孩子，一心只想让孩子能够开心快乐地成长。

一年后，那位姑娘实在忍受不了良心的煎熬，说出了这件事情的真相：孩子的父亲是一位在菜市场工作的青年。姑娘的父母满心愧疚，并找到了白隐禅师，当面道歉，还抱回了孩子。白隐禅师面对这样的情况，依旧轻轻地问道：“事情就是这样吗？”

由此看来，内心宁静拥有巨大的力量，可以使人处事不惊，镇定自若。白隐禅师看似愚钝，实际却是大智若愚。如果他没有顶住诽谤和舆论的压力，一味地分辩解释甚至咒骂报复，那么人们又会如何看待白隐禅师的为人呢？宁静除了智慧外，还是一种谦卑的处世之道，是人生中不可多得的宝贵财富。

宁静，自然最好

在大自然中，水永远都是由高处流向低处，只因它的性质如此，而太阳每天东升西落，靠的也不是它自己的意志。如果每个人都能明白和顺从自己的内心，那么心境都会如湖水一般宁静。

慧海禅师是远近闻名的得道高僧，前去拜访他的人络绎不绝。有一天，一位香客问慧海禅师："方丈，你修行这么高，有没有什么和我们不一样的地方？"

慧海听了后回答道："有啊！"

香客心中暗喜，问道："是什么呢？"

慧海微微一笑，说道："每天我感觉饿了，就去吃饭，如果感觉到困了，我就会去睡觉。"

香客听了，失望至极地说道："这有什么不一样的，我们每天难道不都是这个样子的吗？"

慧海禅师说："这当然不一样，别人吃饭的时候，总是在考虑一些其他的事情，不好好吃饭。而他们睡觉也会经常做梦，不能很好的休息，我就不一样了。我该吃饭的时候，什么也不会去考虑，就是专心吃饭，睡觉的时候也不会做梦，所以休息得非常好，这就是我和别人不一样的地方了。这些人在做事时，总是考虑得太多，经常关注自己的得失，从而迷失了自己。宁静是自然而然带入心灵的，而不是用心灵去寻找宁静。"

回归自然的宁静才是真正的宁静，不需要去寻找，也不需要去索求，保持一颗平常心，将功名利禄全都看破，这样才能在各种环境中表现得豁达坦然，做事也会游刃有余。

无祸无门，惟人自召

祸福没有一个是命运规定不变的，就是看人自己的作为了。

——南怀瑾

福与祸从来都不是上天定好的，而是自己的行为一手造就的。南怀瑾先生在《易经系传别讲》说到，他的一位朋友，长相非常不错，而且很有才华，连算命出来的结果都非常好，可是最后他太膨胀了，生活非常糜烂，还得了病，只能上山终老，去世也不知是何原因导致的。大家都觉得非常可惜，没想到他的结局居然会是这样的。我们在生活中，也会有许多这样令我们出乎意料的事情，原本过得很不错的人，最后却自己亲手断送了自己的前程。

在我们这个现实的社会当中，有许许多多的事情，看似不是我们一己之力就能决定的，于是人们把这些原因归咎于“命运”，总是抱怨自己的命运不好，上天对待自己太不公平、太过刻薄。可殊不知，真正的命运都掌握在自己的手里。真正的幸福，需要自己用双手去一点一滴地争取。真正的祸事，是由于自己的原因，一步又一步地迈向了深渊。

好事坏事都源于自己的所作所为

俗话说得好：天作孽犹可恕，自作孽不可活。此时此刻你做的好事，也许就是未来收获幸福的根基；此时此刻做的坏事，也在为未来的祸患埋下根基。不要说天生运气好，这些都是不存在的事情。好事或者坏事都起源于你自己的所作所为。

曾经的法兰西皇帝、欧洲的常胜将军拿破仑，就是一个智勇双全的人，但也会遭遇滑铁卢的败仗。失败的根本原因就是他作为法兰西第一帝国的皇帝，自身已经膨胀，野心太大，不把其他的国家放在眼里，并且拒绝结交盟友。这样做的后果就是与他敌对的国家越来越多，最后那些国家之间形成了同盟，他以一国之力对抗多国，失败就只能是时间问题了。他的野心太大，最后竟想远征俄国。深入遥远国度的腹地作战，本应该快速解决战斗，并且以战养战。但是，拿破仑在夺取了莫斯科后开始自大，静静地等待俄国皇帝前来讲和，既不追击歼灭俄国主力部队，也不深入俄国资源丰富的地区寻求长期的战略支持。结果俄国军队拼死抵抗，法国 7 万人在波罗金诺战役中阵亡，这严重影响了战役进度和法军的士气。拿破仑不得不撤退到斯摩棱斯克过冬，因为那里存放了可以支撑 6 个月的粮草，可是不料却被残兵游勇抢夺一空，在埋葬了 50 万法军之后，不得不撤出俄国，就这样拿破仑亲手葬送了原本的大好局势，同时也成就了对手库图佐夫的赫赫威名。

原本拿破仑占据有利的形势，本来可以统一欧洲，而且在国内，人们也支持他的战争。可惜由于他的自负和极度的自我膨胀，最后滑铁卢成为了他一生的转折点，并彻底断送了他的政治生涯。在我们的生活中，又有多少人原本有着大好的前途、开阔的视野、极好的事业，最后却因为自己的种种原因，遭遇了人生之中的“滑铁卢”，亲手断送了自己的前程和希望。

学会珍惜自己所拥有的

生活就如同一位园丁，教会我们许多养花的道理。每当花开的时候，我们应该用百分之百的精力去维护它，去欣赏它的美丽。只有这样，在它凋零的时候，我们才不会扼腕叹息。因为我们用尽了一切手段，没有错过它的美丽，我们要让生活不留下遗憾，珍惜自己现在所拥有的一切。

在一次演讲上，有一位演讲家没说一句话，手里高高地举着一张100美元的钞票。面对着全场200名听众，他问道："谁想要这100美元？"

大部分人都举起了手。

"我想把这100美元，送给你们其中的一位，但是在这之前，请允许我这样做……"说完，他将100美元揉成了一团，仍然有不少的手仍然举了起来。

于是他说："假如我这样做，又会怎样呢？"

他将钞票扔在地上，并将脚踩在上面，还狠狠地碾了一下，这时100美元已经变得又脏又皱。

"还有谁想要？"场内依旧有手举了起来。

这时，演讲家说道："你们其实已经上了一堂很有意义的课。无论我如何对待那张100美元，你们仍然有人想要它，因为它没有贬值，仍然值100美元。"

生活在这个社会上，你也许会经历许多的坎坷，让你看起来活得毫无意义。但是，无论你是白领还是乞丐，无论你衣衫褴褛还是西装革履，作为一个独立的人，永远不会失去你原本的价值。所以珍惜自己所拥有的一切，不要放弃和轻视自己，因为你自己才是无价之宝。

人生的价值，在于参赞不足

这个天地并不完备，有很多的缺陷，很多的问题，但是人类的智慧与能力，只要它能合情合理地运用，便能创造一个圆满和谐的人生，弥补天地的缺憾。

——南怀瑾

这个世界上从来没有十全十美的事物，无论任何事物都会存在不足。我们要做的就是正视这些缺点，然后用自身的努力来弥补这些缺点，并学习别人的长处。而经常被我们忽略的一个观点就是，在自己进步的同时，别人也同样在进步。人在进步的时候，越进步，就会越发现自己的不足，正所谓“学海无涯苦作舟”。这才是一种积极向上的心态。如同南怀瑾先生在《易经系传别讲》中所举出的：如果这个世界完全没有黑夜，那么这个世界上也就不会出现电灯了；而要是一直都在下雨，我们也就全都成为了鱼类，连房屋都不需要去盖了。当然，这些话肯定是以一种调侃的方式表达的，但这个世界确实存在很多的不足。

万事万物都有不足，人类也不会例外，我们的思考会有不足，所以提倡集思广益；我们的行为会有不足，所以说人多力量大；精神，内心也会有不足，这就需要通过不断的锤炼来弥补。一个人，只有充分认识到自己的缺点并不断地改正，心智才会不断地成长。

前行路上，要清楚认识自己的不足

人生应该不断拼搏，不断奋勇前行。有的人在前行的路上，能清楚地认识到自己的不足，于是找到了几个志同道合的伙伴互相帮助，向着终点不断前进。也有的人只是取得了一点进展就沾沾自喜。更有甚者甚至嘲笑他人，完全忘记了自己有几斤几两，缺点越积越多，问题越来越大，最终只能自己吞下苦果。

战国时期，梁惠王是一个好战的君主，他经常与别的国家开战，百姓民不聊生，生灵涂炭。

有一天，梁惠王在皇宫之中召见孟子，与他讨论治国理政的方法。梁惠王对孟子问道："我治理这样的一个国家，也算是尽心竭力了，让一切都井井有条。比如有部分地区发生灾荒，我就会把那边一部分受灾比较重的百姓，迁移到收成好的地方，同时又把收成好的地方的粮食调拨一些到灾区，这样做就可以让受灾的百姓能够渡过这段困境而不至于饿死。纵观周边各个国家，没有一个执政者能像我这样，时时刻刻都在为百姓着想。但是，尽管我这样做，可是并没有其他国家的百姓过来投奔于我，这又是为什么呢？"

孟子回答道："大王，我用打仗来举一个例子。在战场上，只要战斗一开始，双方的士兵就会冲向对方的兵阵，陷阵杀敌。而总有一方会战败，在逃跑的时候，有的士兵跑得快，有的士兵跑得慢。跑得慢的士兵跑了五十步就停下来，而跑得快的士兵已经跑了一百步，可是跑了五十步的士兵却笑话跑了一百步的士兵是胆小鬼。这难道是对的吗？"

梁惠王摇头否认。这时，孟子接着说："大王，你虽然无时无刻不在为百姓着想，可是您喜欢战争啊，这样让百姓生灵涂炭的事情，怎么能让百姓安居乐业呢，这样看来，又怎么会有百姓来投奔您呢？"

别国的君主，不懂得爱惜百姓，所以称不上是一个贤明的君主；梁惠王虽时刻为百姓着想，但他喜欢打仗，让百姓民不聊生，这难道就是一个贤明的君王吗？我们在生活中，有时也就如同那“五十步笑百步”的士兵，没有冷静地分析，看不到自身的不足，从而沦为人生之中的“近视眼”。

自身的不足，要尽自己的努力去弥补

当你发现了自己的不足时，就应想尽办法将其弥补。如有超出自己能力范围之外的地方，应该老老实实地向有经验的人请教，不断完善和提升自己，这才是我们应该树立的正确的人生价值观。

蔺相如在“渑池之会”上立了大功，被赵王封为上卿，职位比赵国的大将廉颇高了许多。廉颇非常生气，他私下跟别人说：“我打过那么多次仗，几乎没有失败过，立下了战功无数。这个蔺相如就凭一张嘴，官职就能比我高，我不服气，要让我遇见他，定要让他下不来台。”

蔺相如知道之后，就刻意躲着廉颇，请病假不上朝，避免和他发生争执。

有一次，蔺相如坐车出门，不巧刚好遇到廉颇的车子经过，蔺相如就让车夫赶紧把车停在一边，让廉颇先过去。手下的人不服气，议论纷纷。这时，蔺相如说，秦王和廉颇相比，定然是秦王厉害，而我当时在“渑池之会”上都没有惧怕秦王，难道我还会害怕他吗？我是不想和他发生争执，因为如果发生了争执，削弱的是我们赵国的力量，秦国就会趁虚而入。

廉颇知道后，觉得自己实在太心胸狭隘，只是为了自己的一口怨气，就忽视了国家的利益，于是他脱去上衣，背着荆条到蔺相如的府上请罪，最终他们重归于好，共同保卫赵国。

当我们认识到自己的错误时，应该勇于承认错误并改正，毕竟“知错能改，善莫大焉”。我们生活在这个社会上，不能只依靠自己的力量，发现并弥补自己的不足，才能更好地融入社会，共同和谐发展。

智者乐水，仁者乐山

“智者乐”，智者是乐的，人生观、兴趣是多方面的；“仁者寿”，宁静有涵养的人，比较不大容易发脾气，也不容易冲动，看事情冷静，先难而后获，这种人寿命也长一点。

——南怀瑾

自古以来，许多学者都认为，人与自然是最为密不可分的一个整体。古人认为，在这个无时无刻处在变化中的大自然里，高山是最为坚定的，是值得依靠的，它静静地伫立在原地，亘古不变，包容着一切；流水则是最为灵动的，就如同千人千面一般，它完全不同于高山，没有固定的形态，深不见底。智慧的人就如同流水一般，迅捷灵动，可以洞悉事物的发展。宽厚仁慈的人如同大山一般宁静祥和，他们包容万物，不会因为外界的变动而动摇自己的观念。正如南怀瑾先生在《论语别裁》之中所说的，聪明人的快乐，就像水一样，是活跃的，而仁慈的人的快乐就像大山一样安静、伟岸。

生活中的智慧，不应该是按部就班，而应该如同活水一般，波澜不惊，源远流长。生活之中的仁德，不应该是喧叫吵嚷，而应该如同高山一般，恬静宽厚、崇高伟大。人生就应该如此，适应生存，然后以求得发展。我们在社会上生存，就如同钢铁在火中万般锻打锤炼，才能修炼获得处世之道。

智慧如水，千遍万化

真正拥有智慧的人，不会死板地只关注事物的一个方面，而会眼观六路、耳听八方。看问题要如同源头的活水那样富有活力，能够以多种形态来面对这个世界。时代越发展，协调统一的重要性就越来越重要，系统而又全面的思考也就越来越重要。

北宋时期，当时的首都开封发生了一起大火灾，皇宫都被烧毁了。大臣丁渭临危受命，要完成重新修缮皇宫的任务。丁渭接到圣旨之后，丝毫不敢怠慢。他马上制订计划，并亲自到废墟上进行实地考察。

经过考察，他发现要修复皇宫，共有三个方面的问题亟待解决：第一是没有地方取土，因为重修皇宫需要大量的土来烧制砖块。第二是难以将其他材料运输进来，当时最主要的运输方式还是水路。第三是皇宫全都烧毁了，废墟应该如何处理的问题。

他很快就想出方法解决了这些问题。在皇宫正门找到一条距离汴河最近的地方，从这里开始向汴河开挖，挖出来的土全都用作烧制砖块。而挖通了河道之后，材料就可以直接通过河道运输到工地，解决材料的运输问题。最后，皇宫修缮完毕了，原本的废墟和垃圾就可以填入挖开的河道之中，修复原来的大路。这样全程一气呵成，丁谓不愧为善于统盘系统思考的典范。

活学活用的智慧，就如潺潺的流水，向着一个目标奔腾不息，虽在途中不断变换模样，可是没有困难可以拦住它。人类智慧用千千万万种方式，推动着时代车轮不断向前，永不止步。

仁慈如山，厚德载物

真正宽厚仁慈的人，不会为一点小小的利益而斤斤计较，不会因众人的批评嘲讽而动摇，更不会将自己的仁慈四处宣扬。真正的宽厚仁慈，是默默无闻地从事人类最为崇高、最为伟大的事业。面对着尘世，我们应该有着平静和谐的内心，守住平淡的生活，做一个真正胸怀宽广的智者。

明朝时，有一叫董笃行的人，在北京担任官员。有一年，老家因为盖房子用地的事情，和邻居发生了纠纷。谁也不肯退让一步，生怕自己吃了大亏。他的母亲就从家里寄了一封信，让他用自己的身份出面，摆平这件事情。

可是董笃行看到信之后，只是一笑了之，写了一封回信，告诉老家的人：只是为一段墙的事情就写信过来，不觉得十分可笑吗？反正大家都是邻居，就把那点地方让给他又如何呢？

他的母亲看到信之后，细细思过，觉得他说得很有道理，于是就让出了那三尺地方。邻居看到这样，也觉得自己斤斤计较实在是太过于"小肚鸡肠"，于是也退让了三尺地方出来。两家就这样重新和好了，各自留出的六尺空间也成为了一条远近闻名的胡同，名为"仁义胡同"。

想做到宽厚仁慈并不难，只要我们愿意，就能做到这些看似只有道德高尚的人完成的事情。我们这样一点一滴地积攒，最终也会如同大山一样，拥有博大的胸怀，海纳百川，虚怀如谷，做一个真正宽厚仁慈的人。

苦中作乐，箪食瓢饮在陋巷

安贫乐道与富贵不淫都是很不容易的事，所以说：“知者利仁”。如真有智慧、修养到达仁的境界，无论处于贫富之际、得意失意之间，就都会乐天知命，安之若素的。

——南怀瑾

南怀瑾先生在《论语别裁》中说，生活在世界上的每一个人都在苦中作乐，而真正拥有高尚情操的人，就算是再朴素的环境，也同样会觉得快乐。道德情操还没有高尚到一定程度的人，必定不能在极度俭朴的环境下长久生活，而孔子最好的学生颜回，就是因为道德高尚，所以在最俭朴的环境中仍然有一颗快乐的心，这就是他安贫乐道的真实写照。

南怀瑾先生建议世人，面对世俗，应该坚守内心的那一份质朴纯真，真正的快乐不在于外面的物质世界，而存在于我们的内心。世界每天都在不断变化，我们的经历如同一个五味瓶，有着许多味道。苦和乐之间，有着非常紧密的关系，它们存在于生活中，让我们理解人生的意义，让生活变得有滋有味。不经历痛苦，很难感受到人生的乐趣，就如同苦咖啡一般，需要我们细细地品味，方能品出其中的滋味。

尝试在困苦中寻找乐趣

有人说，只要有钱就能得到快乐，而没钱的人永远都是苦难的、可怜的。可是事实真的是这样吗？在物质生活丰富的今天，有多少人被沦为金钱的奴隶，他们每天坐在办公室，重复着日复一日的单调工作，其实他们并不快乐。而穷人每天依靠打零工为生，他们在社会的最底层，看遍了人生百态，能得到一点小小的恩惠，就可以感到满足和快乐，所以快乐只取决于我们的内心。

法国著名现实主义作家巴尔扎克，一生只有短短的50年，可是他这一生共写出九十多部长篇著作，为人类留下了宝贵的精神财富。他生前每天工作至少12个小时，每天半夜，他的助手都会叫醒他，然后他再工作五六个小时才会去休息。

在年轻的时候，巴尔扎克曾经尝试着下海经商，但不仅没赚钱，还欠下了大笔的债务。直到成名后，收入比以前多了许多，可是他奢侈浪费，最后家里依旧家徒四壁。

一天晚上，巴尔扎克在熟睡中惊醒，睁眼一看，原来是一个小偷，正在他的桌子抽屉里寻找着值钱的财物，他看着小偷，哈哈大笑起来。小偷看着这个怪人问道："我在你家偷东西，你不报警反而哈哈大笑，你笑什么？"

巴尔扎克回答："我今天白天，在这个抽屉里翻了这么久，可是就连一分钱也没有。夜晚这么黑，你还能从里面翻出什么来？"小偷听了，知道根本没什么可偷的，于是准备离开，巴尔扎克又说："请顺手关门。"

小偷返回屋内质问道："你家已经穷得什么都没有了，还关什么门？"

巴尔扎克回答小偷："这门不是用来抵挡小偷的，它只是用来挡风的。"

大名鼎鼎的作家，能在这样的条件下，与小偷谈笑风生，确实体现了他强大的内心。在这样艰苦的环境下，他仍然写出了九十多部优秀的作品，不由得让人心生敬畏。我们在物质生活丰富的今天，不能被迷惑了双眼，而要强大我们的内心，让我们的精神世界变得丰富而充实。

陋室不陋，不改其乐

很多人每天都为很多事情烦恼，可是真的有这么多的烦恼吗？无非是自己的内心在作怪罢了。无论任何环境，都应该学会坦然接受，而坦然接受的最高境界就是能从中发掘出快乐的元素。

唐朝伟大的诗人刘禹锡，因为参加了当时朝中的政治革新运动，得罪了不少大臣而被贬职，被发配到现在安徽的和州县城，做一名通判，官阶比知县还小。

在当时，按照朝廷的礼数，通判在县衙之中，应该住三间三厢的房子。可是和州的知县看到这个人是被朝廷贬下来的，还是个不愿意惹事的人，就故意难为他。先让他住在城南，出门面朝大江，不料刘禹锡没有丝毫的怨言，反而非常开心，还写了两句对联，贴在门口："面对大江观白帆，身在和州思争辩。"

这个消息很快就传到了和州知县的耳朵里，知县非常恼火，于是让手下的衙役将刘禹锡赶到城北的一座只有一间半大小的房子中居住。

新居在河边，杨柳随风摇曳，环境也还不错。刘禹锡又写了一副对联："垂柳青青江水边，人在历阳心在京。"

知县发现后暴跳如雷，亲自出马，把他安置在县城中心的一间非常小的屋子之中。短短半年，刘禹锡已经搬了三次家，最后竟被安排在如此狭小的一间屋子之中，于是他写下了《陋室铭》放于门前。

生活中会有很多不如意，抱怨并不能解决问题，我们需要的是一个冷静理智的内心。就算情况再恶劣我们也不能想方设法地逃避，而应该活出尊严、活出快乐。

每一刹那，皆是新的人生

昨天、今天、明天，每一分每一秒，身心生命随时都在变化，宇宙也随时在不停地变化。这是变易生死。

——南怀瑾

南怀瑾先生在《人生的起点和终点》中说到，很久没有见到的朋友，在见面的时候，也不免说一句："这么多年过去了，你还是一点都没有变。"但是其实，不变的人是根本不存在的。见面的时候，我已经不是当年的那个我了，你也不再是当年的那个你了。甚至每一刻，都是全新的自己。

试着回想年轻时，可能我们没有什么过人的长处，也不知道自己的将来能干些什么。但是，我们应听从自己的内心，觉得正确的事情，就去做，尽力去做。就算做不到也没有关系，因为我们没有挥霍光阴，这些或快乐或痛苦的过程，日后都将成为我们人生之中美好的回忆。

把握现在的时光

生活中的每一刻都是人生旅途中绝无仅有的风景，以前从没有见过，以后也不会再次见到。应该好好地把握生活，让生命中的每一刻都变得美丽多彩。时间不像金钱能够存储，时间属于我们的就是那一刹那，也就是我们说的"现在"，只要错过了就会一去不复返。

在一座寺庙里有一个小和尚，他每天的工作就是打扫寺庙中的大院子，让院子保持干净。每天早上，他都早早地起床，然后将院子彻底打扫一遍，一年四季都要如此。每天早起清扫院子，确实是一件非常辛苦的差事，特别是在秋冬交替的季节，只要刮了一阵风，枯黄的树叶就会如同下雪一般飘落。每天早上，他都要花费大量的时间去清扫，小和尚为此非常无奈，总想找到一个方法，能让自己轻松完成这项工作。

有一天，他灵机一动，想到：我明天打扫院子时，可以先抱住树使劲摇晃，让剩下的树叶全都掉下来，这样就可以不用再扫那些烦人的树叶了。小和尚想到这，满意地睡了。

第二天，小和尚起了个大早，抱住院子里的每一棵树拼命摇晃，然后把院子打扫得干干净净，这下他想：终于可以摆脱这些讨厌的树叶了。这一整天，小和尚都美滋滋的。可是，事与愿违，第二天小和尚面对的还是原来那个落叶满地的院子，他不得不继续扫地。

这时，寺里的方丈走了过来，摸了摸小和尚的头说道：“傻孩子，就算你今天再用力摇晃树干，明天树叶依旧会落下来的。”

在这个世界上，有许许多多的事情是不可能被提前的。我们能做的，就是踏踏实实地把握好今天，因为明天对于我们来说，永远都是未知的，我们不可能知道明天会发生什么事。你如果只是一味地期待明天，就会在不知不觉之中错过今天。

下一秒崭新起航

当前的事情，只要自己拼尽了全力，无论结果如何，都不必后悔。对未来的憧憬，才是我们最为宝贵的东西。从那一刻开始，可以去做我们梦想中任何一个我们想成为的人。每过一秒，都是一个全新的开始。

中国著名乒乓球名将邓亚萍，5 岁就开始打乒乓球。

在她 16 岁那年，首次参加世界乒乓球锦标赛就夺得了女子双打的冠军。

在她的 14 年职业运动生涯中，共拿到过 18 个世界冠军。然而在这样傲人的成就下，她并没有止步不前，退役后仍然积极地学习和工作。

在 2002 年，她在国际奥委会担任职务，之后又出任过北京市共青团团委副书记、人民日报社副秘书长。在她的不懈努力下，2015 年还受聘于中国政法大学担任副教授一职，如今正在打造国内第一家体育产业创新的创业平台。

每个人都不应该因为年纪的增长而停止尝试新事物，只有这样才能生命不息奋斗不止。因为人生的每一刻，都可以当做崭新的起点。珍惜现在，就能把握好未来的每一分每一秒，每天做新鲜的事情，就可以一直成为“崭新的人”。

生活真谛，在于一呼一吸之间

这个一出一入的真息，就是一切众生的生命所在。

——南怀瑾

人生短短几十年，日子慢慢地过去，留给我们的，只会越来越少。如何证明我们活着呢？在这个世界上，气息的循环往复，就证明我们是活生生地存在于天地之间。很多人觉得时间是一个大概念，在这一分钟里偷个懒，开个小差也没有关系，殊不知，我们在一呼一吸之间就是生命。须臾之间，时间就溜走了，而我们还没有反应过来，生命也就流逝了。南怀瑾先生在《禅与生命的认知初讲》中用水稻做比方：夏季入夜了之后，可以听见谷子成长的声音，这就是农作物的气息的循环往复，人也一样，呼吸之间，生命就在继续。

正是因为一呼一吸间就是人生，我们更应该加倍珍惜时间，做到分秒必争，才不会给自己留下遗憾。我们不能只盯着还没有得到的，或者已经失去的东西，抱怨、感叹？唯有珍惜现在的每一分每一秒，才是最为关键的。

体会分秒间事物的美好

在人生的道路上，我们每个人都是匆匆的过客。在年少时，我们每日都在学校和书籍的海洋中度过；在中年时，又在每日的应酬和工作之中度过；到了老年，虽然已有许多闲暇，但是却在为子女的操心中度过，能够真正体会这分秒间的美好，是少之又少的。

有一座古老的寺庙，坐落在一座高山脚下。前来这里上香的人络绎不绝，因为寺里的僧侣可以回答香客的一个问题。

有一次，一名香客前来上香，向一位方丈问道："我感觉最近真是倒霉极了，什么都不顺利，心情特别不好，看到谁都非常讨厌，动不动就发脾气，我这是怎么了？"

方丈没有说话，而是带着这位香客来到一条圈养的蟒蛇旁边。香客看到蟒蛇在不断扭动，心中不解，刚准备开口问方丈，却被方丈的一个手势挡了回来。只见这条大蛇扭动着自己的身体，然后开始蜕皮，一步一步脱离老皮的躯壳，露出的新皮鲜艳而靓丽，甚是好看。香客不由得发出惊呼。不一会，蛇蜕完了皮，在阳光下直立起来，似乎在炫耀一个全新的自己。在阳光的照耀下，耀眼的光泽在鳞片上流转，也许，这就是它这一生中最为辉煌的时刻。

这时方丈说道："蛇本来是冷血动物，它们没有感情，可是现在看起来就完全不同了，在蜕完皮的这一刻，它们如同新生。"

从方丈的话里，我们不由得感受到，原来生命的美好，就存在于我们平凡的生活之中。而生活之中从来都不会缺少美，我们所缺少的不过是发现美的眼睛。因为真正的美，实在是过于短暂，太值得我们去珍惜和守护了。

日月如梭，只争朝夕

有多少人，在年少时怀揣着梦想和远大的抱负，又有多少人，长大了后，真正实现了自己的梦想。每个人能够来到这个世界上都是一个偶然，而每个人也都会离开这个世界，这是必然。在这么短暂的人生之中，如果只是碌碌无为地过完一生，在离开的时候必然会感到悔恨。所以，我们应该抓紧这有限的时间，遵循自己的内心，做一些自己原本想做、后来却因种种原因并没有做到的事情，活出属于自己的精彩。

曾经，有一位无所事事的年轻人，向他的老师抱怨，希望他的老师能帮他规划未来，找到生命的意义。老师问道：“你来找我，是为了什么？”

年轻人说：“我感觉我真的一无所有，我希望您能帮我一把，让我找到生命的意义。”

老师摇了摇头，问道：“可是，我觉得你和其他人一样的富有啊，你每天都一样拥有 86400 秒的时间。”

年轻人不乐意了，说道：“就算是 86400 秒又如何呢？它们既不会带来面包，也不会带来钞票。”

老师听了后笑了，拍了拍年轻人的肩膀说道：“它们是非常珍贵的，远比你的面包、钞票重要得多！你可以去问问那些迟到的学生，一分钟值多少钱。再去问问那些车祸现场的幸存者一秒钟的价值，还可以去问问那些田径运动员，一毫秒是多么的重要。”

年轻人听了这一席话，若有所思地点了点头。

老师又补充道：“只要你明白了时间的珍贵，就可以去追寻自己的心，去让你的心引领你做你喜欢做的事情，那么你的未来就不再会迷茫，从珍惜当下开始，你每天都有 86400 秒的时间可以加以利用。如果你依旧无所事事，这 86400 秒便没有任何的价值，你的人生也是空白而虚无的。”

是的。如果能够好好地利用时间，就可以在我们人生的空白页上，留下属于每一秒的色彩，让人生变得绚丽多彩，人生也不再空虚，而是充实而完整的。

淡定而从容

因为一呼一吸之间便是生命，呼吸一旦停止，生命就会终结。面对这样的现实，南怀瑾先生建议世人要淡定面对生死，曾经在“生命科学与禅修实验研究”讲座上，他谈到死亡时说了这样的一个事例，他曾在一个垂死的朋友床侧轻念“阿弥陀佛”，念了一两个小时之后，那位朋友仍然抓着他的手“不肯走”。最后，南怀瑾先生实在不忍，只能无奈地说了一句:“我不拉你了，你走吧。”

淡定而又从容，这就是一代大师南怀瑾面对生死时的态度。经历过人生的坎坷，他在面对生死时已然参透，认为不能因为一呼一吸之间的生命而拘泥自我。

荆轲面临刺秦重任时依旧可以淡定从容地放下“风萧萧兮易水寒，壮士一去兮不复还”的一腔热血；文天祥面对元军的严刑拷打尚且能说出“人生自古谁无死，留取丹心照汗青”的千古名言；谭嗣同对着顽固派的屠刀仍然保留着“我自横刀向天笑，去留肝胆两昆仑”的信念……生亦何欢，死亦何哀？人生浮沉数十载，也不过一呼一吸罢了。

所以做人一定要学会淡然，学会乐观，洒脱地过好每一天。人生就像一本书、一壶茶、一杯酒，也许会比小说情节少一些跌宕起伏，比散文诗歌少一些幽默深刻，也许它会如同一杯白开水一般平淡无奇，但是请不要怀疑，这就是生命。

生命本身很简单，一呼一吸间，足矣。

仁者也，不忧不惧

其实做人最明智的态度是宽容、礼让、与人为善。

——南怀瑾

在南怀瑾先生看来，世上好人特别多，善人也特别多，那些学佛念经的人，多半是善男善女。但是，这些好人善人并不一定是仁者，善心归善心，如果不会做事，反倒将是非善恶混淆，便是不仁。

正所谓徒善不足以为政，行善也要有规矩、有方法。真正的仁善之人，必定有正确的是非观，知人论世都不偏不倚，不以个人好恶作为评判标准。仁者也，不忧不惧、坚守原则、持定主张、严于待已、宽于待人，这才是真正的与人为善，仁者无敌。

仁者是大慈悲

南怀瑾先生曾说："不走小路线，要发大慈悲。"这句话若是与"仁"结合，即是说为仁者，当求大仁，大的仁义道德就是福泽天下的慈悲。

《孟子》一书中，齐宣王问政于孟子，孟子提到仁政的推行，说出了一个大道理：仁君所行之事，应是基于国家利益的大慈悲，而不是沽名钓誉的小恩小惠。在南怀瑾先生的《孟子旁通》中提出了孟子思想的两个学说问题："第一是仁爱心理的心理行为问题；第二是领导人行仁政的方法问题。"

有一次齐宣王坐在大殿上，看到有人牵着一头哀嚎不止瑟瑟发抖的牛，于是便问道此人意欲何为，那人回答说要拉出去宰了祭祀，齐宣王看到牛的样子于心不忍就下令放了牛。于是牵牛的人问齐宣王难道不祭祀了吗？齐宣王回答说怎么可以不祭祀？随后便吩咐那人找头羊代替那只可怜的牛。

后来，这件事被老百姓知道了，有的觉得齐宣王小气，因为牛比羊贵多了，不舍得用牛祭祀；有的觉得齐宣王虚伪，牛可怜不杀，换头羊就不可怜吗？

于是，齐宣王问孟子："我当时用羊换下即将宰杀祭祀的牛，是出于一点慈悲之心，而不是什么价钱问题。我不忍心看着那头牛在屠刀前瑟瑟发抖，就让人用羊将它换了下来。到现在我的想法都没有变。我要是以这样的想法来治国，为什么不会成为仁王呢？"

孟子则说道："如果能做大事的人却做不成小事，那一定是他藏私了。"齐宣王当然不相信，这时孟子又说："这样说来，不忍心杀一头牛，却让百姓在痛苦中生活着，是你没有施行仁政，而不是你不能推行仁政。"

孟子这是由动物来推及人民，希望齐宣王在对待臣民时，能像对待动物一样心怀慈悲。这是孟子对齐宣王心理做出的一个分析，齐宣王不忍杀牛，孟子就将这种"不忍"的仁爱推及百姓身上，扩大到治理国家中。如果齐宣王能在这些大方面做到"不忍"，就是把"小仁"推广为"大仁"，将会成为一代仁君明主。

孟子又问齐宣王："如果有个人有能举起百钧的神力，拥有能够看清秋天鸟类身上刚换的茸毛末梢，可是要他去捡一根羽毛，去看一整车的木柴，他却不能办到。这样的话，你会相信吗？"齐宣王回答说当然不可能相信。

于是孟子接着说："既然有能力举起重百钧的东西不可能拿不动羽毛，能够明察秋毫的人不可能连一车木柴都看不到，同样能够以羊换牛，仁爱到怜惜禽兽畜生的地步，但是您的恩泽功业却不能遍及百姓身上。”

在我们的生活中，常常会遇到很多令人无法理解的现象，有些人可以为了一只小狗四处奔波，却对街边乞丐视若不见；会被道听途说的事迹感动莫名，却对现实的人或事无动于衷。我们真正需要的“仁”是什么？不是“妇人之仁”，不是一时一地之“仁”，而是实实在在的仁慈。

仁者爱人，攻心为上

《吕氏春秋》说：“处大官者，不欲小察。”意思是说，官做得越大，越不会计较小事；人的道德修养越高，越懂得宽容待人，那么愿意为他做事的人也就越多。

南怀瑾在与彼得·圣吉谈管理时，说到想成为一个伟大的领导，首先领导者必须要注意自身的修养，成为一个真正的人。为什么这么说呢？因为领导者所管理的是人，只有自己成为真正的人的时候，对人性的理解才会把握得更全面，才能把别人领导好。楚庄王可以说是一个很了解人性的领导者了，他懂得对待下属要宽厚仁慈，能洞察人性的本质却不揭穿它，还想方设法地维护住那个人的尊严。这样的领导，谁不愿意为他效力卖命呢？

所以作为一个领导者，要有一颗宽厚仁爱之心，尽可能地原谅下属的过失。能原谅下属的一些小的过失，就是对下属人性的一种把握，也是一个成功的领导者制造向心效应的一种有效方法。

战国时期，楚庄王设酒席大宴群臣，日暮时分，正当酒喝到酣畅之际，灯烛被风吹灭了。这时，有一个人因为垂涎于庄王美姬的美貌，再加上饮酒过多，难于自控，便趁黑暗的时候，抓住了美姬的衣袖，想要非礼。美姬一惊，左手奋力挣脱，右手趁势抓住了那人帽子上的系缨，并告诉庄王：“刚才灯烛灭了的时候，有一个人牵拉我的衣袖，我扯断了他头上的系缨，现在还拿着，赶快拿灯来，看看这个断缨的人是谁。”

庄王听了以后说："赏赐大家喝酒，并让他们喝多了酒而失礼，这是我的过错，怎么能为要显示你的贞节而辱没别人呢？"

于是，庄王命令左右的人说："今天大家和我一起喝酒，如果不扯断系缨，说明他是没有尽欢啊。"群臣听了以后，在座的一百多人都扯断了帽子上的系缨，并且继续热情高昂地饮酒，一直到尽欢而散。

过了几年，楚国与晋国打仗，楚庄王发现有一个臣子常常冲在最前面，作战异常勇猛，在他的带动下楚军士气高涨，连战连捷，最后打退了晋军，取得了胜利。庄王感到十分惊奇，他叫来那个人问他："我平时对你并没有特别的恩惠，你打仗时为何那样卖力呢？"他回答说："我就是那个在喝酒那夜，被扯断了帽子上系缨的人。"

道理十分简单，正如南怀瑾所说："内心有道，表现在外的行为就无懈可击。譬如北辰，有中心的思想、中心的作风，以道德的感化，你在那里本身不要动，只要发号施令，下面的人就像满天无数的星座，都会跟着你的方向动。"所以说，一个领导如果以道德仁爱来感化手下人的话，那么他只要站在那里发号施令，下面的人就会像众星捧月一般服从他。

第八章

南怀瑾谈儒学中的生命义理：

宇宙之间，动静有常，刚柔断矣

儒家思想倡导人们以追求仁爱道德来超越生死，这是在用显扬精神价值的办法来阐释宇宙大化的生生不息，人活着显露了宇宙的“仁爱”，而人死亦为自然造化的必然结果。因此孔孟教诲人们，凡是志士仁人，都不会因贪生怕死而损害“仁爱”道德，当生命和道义无法两全时，应该舍弃生命而成全道德。南怀瑾先生阐释儒学的生命义理，认为人们应当在生前努力建功立业，努力完成道德的修养与人格的塑造，通过立德、立言、立功超越死亡，当肉体死亡腐朽后，仍然能以精神价值的形态存在于世，对社会、民生、国家、民族产生经久不衰的影响，从而达到精神上的永恒不朽。

所谓时间：吉光片羽，稍纵即逝

很多人都有修行的心，认为修行第一，认为把生命中有限的时间用在修行上最好。但因为没把生活安排好，不知不觉中，把修行摆到了名望、事业、金钱，乃至家庭、夫妻之后，回首才发现，原来，在时间的齿轮下，我们遗失了太多的东西。

——南怀瑾

在《论语·乡党》中有一段话："色斯举矣。翔而后集。曰：山梁雌雉，时哉时哉！子路共之，三嗅而作。"意思是说，野鸡要起飞之前，翅膀尾巴一展，像孔雀一样很美丽，然后起飞了，飞翔一阵又下来，悠闲安然地停在了山岗上面。孔子当场看到这个景象，就告诉子路一定要学会把握时机，你看，野鸡站在山岗上面，就会显得很神气，大有凤凰展翅之象，但是假如它停落在鸡笼旁边，就会是完全不一样的感觉。

这一番教导在孔子一生思想中占据着重要的地位，暗含了很多人生哲理。孔子周游列国，一心想要拯救满目疮痍的时代，想要拯救历史文化传统，但是却深深地体会到了身不由己。他借着这一幕从侧面向子路表达自己内心的遗憾，教导学生一定要学会这个道理，因为要想站得更高、更稳、更好，想在自己要完成的事业上有所建树，就必须在有限的时间里找到自己的定位，站到最合适的位置。而子路听过之后，也恍然大悟地回应老师"是"。

“时哉！时哉！”这何尝不是南怀瑾先生一直教导我们的思想，把时间用在最重要的事情上，人生一切，个人小事也好，国家大事也好，都要把握时机。天下万事万物都随时在变，时间一分一秒在变，空间随时随地在变，根本不存在不变的事。我们更应该做的是，不要怨恨、不要牢骚，能够懂得把握时间和空间，在对的时间、对的地点做对的事情，不怕没有希望。

尽孝须趁早

《论语·先进》中，孔子曾赞扬他的一个学生闵子骞：“孝哉，闵子骞！”是的，闵子骞可以“芦衣顺母”，不曾怨恨晚娘，宁愿“母在一子寒，也不要母去三子单”。他以自己的孝心、关爱和兄长之心，最终感动了继母，因而在之后的日子里，一家人尽享天伦之乐。匆匆人生路，弹指一挥间，时光老人就像无情的一阵风，却又处处留情，只要你好好把握时间，做最正确的事，到老时，自然不会留下什么遗憾。

历史上的汉文帝刘恒，汉高祖第三子，一直以仁孝之名被天下之人所赞扬。母亲生前卧病3年，他就耐心地侍奉于床前，从不懈怠，从不厌烦，常常目不交睫，衣不解带，就连母亲喝的汤药也要自己先尝尝，再放心喂给母亲，在母亲的事情上不敢有一丝丝的疏忽。在他的心里，一直认为，母亲能够给自己行孝的机会是多么难得又幸福的一件事情，想到很多人都是在双亲离开之后才蓦然发现，自己想要孝敬父母，却不知该到哪里去找，徒留无尽的遗憾与后悔，他就感觉自己是如此幸运。所以，对他来说，没有什么事情比孝敬母亲更重要的了。

正如南怀瑾先生所认为的，在有限的时间里找到最值得去做的事情，并用智慧切实履行，不要在时间的年轮下，徒留一声声的悔恨与叹息。那么，即使时间仿佛吉光片羽，稍纵即逝，又有何妨？

终身学习，让须臾的时光升值

时间在走，我们在长大。时光对每个人都是公平的，不会为了任何一个人而多走一分，少走一秒。都说时光飞逝，其实时间一直都在，变化的只是自己的内心。

南怀瑾先生一生都在修行，看开了世间的一切，不在乎时间的长短，时间长短于他来说都是一样的。因为他一直在做他认为最正确、最有意义的事情，他没有什么遗憾与悔恨。

我国古代著名的音乐家师旷在为晋平公演奏时，听到晋平公很失望地感叹："时光匆匆，转眼间我已经七十多岁了，可是，还有很多的事情我不知道。就这样老去，真是太遗憾了。为何时间不能慢一点、再慢一点呢！"师旷听到后笑了笑，说道："那您就现在赶快点起蜡烛呀。"刚开始晋平公并不理解，甚至有些恼怒："您是在戏弄我吗？求知与点蜡烛有什么关系！"师旷赶紧解释说道："并不是在拿您开玩笑。之所以这样说，是因为我听老人讲过，少年、壮年的时候学习，就好像在阳光下学习，而到了年老，并不是不能学习了，只不过需要自己点燃蜡烛小心学习。蜡烛虽然能量微小，但终归有它的力量。就好比年老的人学习，虽然接受能力、记忆能力不如少年时，但是终归还是能学到知识的。"晋平公听到后，一下子恍然大悟，既然时间有限，那么活着的分分秒秒都能够成为让时间升值的机会。年纪虽然老了，可是那又有什么关系呢，只要想进步，只要想不留遗憾，同样可以做自己最喜欢的事情，做自己认为值得做的事情，管它什么时光快慢，对自己都没有多大的影响，因为自己一直使时间发挥了最大的价值。

不断地学习、不断地进行自身的修行，活到老，学到老，不耽误一分一秒，是每一个积极向上者应采取的生活态度。每一个人的时间都是有限的，是我们不能选择的。但是，在有限的时间活出精彩，却是我们自己可以掌控的，关键在于我们自己做出怎样的选择、进行怎样的实践。

成功失败两相依

佛经处处教我们成功时要自谦，不要傲慢；失败时要有信念，不要气馁。这个道理非常重要。

——南怀瑾

《论语》中，“学而不思则罔，思而不学则殆”，本是指学习读书：只读书不思考，就会迷惑而无所得，而只思考不读书，就会精神疲倦而没有什么收获。只有将二者结合起来，才能学到切实有用的知识，否则就会收效甚微。

这在南怀瑾先生看来，放在人生的道理上，同样合适。任何时候，无论面对的是成功还是失败，都不能一味地骄傲满足或是自暴自弃。达到峰顶时要记得回望，跌落谷底时要记得仰望星空，鼓励自己。只有这样，才能看淡成功失败，做到胜不骄败不馁，才能在人生的道路上越走越远、越走越平稳。

成功失败，互相转化

南怀瑾先生说：成功失败两相依。现实生活不正是有很多活生生的例子吗？

学过历史的人都知道：古今中外凡属成功人士都曾经历过无数次失败。同样的，也有很多的成功者只辉煌了一时，转眼便跌落尘埃，成为历史洪流中的一粒微尘。

太平天国定都南京，兵强马壮，人才济济，民心所向，那是何等的辉煌，但是他们的领导者没有在成功时继续团结协力、共同进步。反而被眼前的成功蒙蔽了双眼，止步不前，带头享乐，内部争权夺利，很快便走上下坡路，优秀的将领、士兵一个个被杀，最终主力尽失，大好革命毁于一旦。相反的，越王勾践，沦为吴国的阶下囚，但是在他的内心，只认为这是自己一时的失败，并不是一世的失败，他相信，总有一天他会东山再起。于是，屈膝求和，受尽凌辱，卧薪尝胆，发愤图强，最终找准时机，一举消灭吴国。这一正一反两个鲜明的例子说明了成功失败只是短暂的，前一秒你还在巅峰顶端，下一秒就可能跌落谷底。同样的，你此时在谷底，下一秒也可能达到峰顶。

拿如今的学习来说，人人都想考得满分，但是满分不是一蹴而就的，而是纠正一道道错题换来的正确。所以，任何时候都要相信，成功与失败是互相依存的。成功时不要太过骄傲，目中无人；失败时，也要淡然处之。正如南怀瑾老先生所说的，得意不要忘形，失意也不要气馁。无数的失败有可能促成最终的成功，而过多的成功也很有可能让人骄傲自满，止步不前。

永远做好两手准备

南怀瑾先生在解释《易经》中的“因贰以济民行，以明失得之报”时是这样说，有阴必有阳，有因必有果，有失必有得，得与失、成与败，都是相互回转的。他举了一个通俗易懂的例子：古时候有一个政治家、军事家，每次作战，他都会认真地规划好两个计划。既要做一个打胜仗的准备，还要做好打败仗的计划。做好之后，他要让不同的人提意见，这样每次作战之前都要做好万全的准备。这位将军就是看到了任何事情都是“因贰”，即看到了事情的阴阳、正反两个方面。他永远不会在战场上出现手足无措、惊慌失乱的举动，因为他早早地就预料到了一切可能的结果。所以，对于任何可能出现的情况，他都做了万分的准备。

但是，反观现在的年轻人，做事情都很主观，总是信心十足地认为他所做的事情一定会百分之百的成功，一旦这样想就糟糕了，很多时候往往事与愿违。到那时候，再去计划，一切都晚了。南怀瑾先生对当下很多年轻人这样的做法是极不赞成的。在他看来，大家无论做什么事情，做了成功的计划之后，也一定要做一个失败的计划。这并不是说我们做事不能自信，自信是好事，但是现实往往充满了很多变数。所以，提前做好两手准备，甚至是多手准备，就不会在出现意外时手忙脚乱。懂得了这个道理，才可能懂得生存哲学，才可以在人生的道路上平稳走下去。

刚柔相推而生变化

政治、军事、外交，都是没有善恶是非的，只有利害关系。怎么处理？关键在于要懂得应变。

——南怀瑾

“刚柔相推而生变化”，指的就是阴阳相互转化，代表着事物物极必反的规律。日往则月来，月往则日来，日月相推而明生焉。寒往则暑来，暑往则寒来，寒暑相推而岁成焉。这都说明了刚柔相推，阴阳相制，由此形成了昼夜、四季的不停变化。通俗来讲，我们可以将‘刚’比喻敌人，‘柔’比喻成自己，用积极的方式抵制敌人，消耗敌人的有生力量，使之逐渐由强变弱，因势利导又可使自己变被动为主动，不一定要用直接进攻的方法，同样可以制胜。以简驭繁，以柔克刚，以不变应万变。

刚柔相推，互为制衡

食物链，形成了大自然中“一物降一物”的现象，维系着物种间天然的数量平衡。在美国有片草场茂密的地方，人们在那里放牧，养了很多的牛羊。可是，总是有很多的狼来吃他们的羊。当地人很生气，想方设法想要将那些狼杀掉。于是，他们开始每天猎杀狼，直到狼被杀干净。羊群繁殖速度非常快，人们很高兴。但是，这种高兴并没有持续很长时间，他们发现草场在退化，远远满足不了羊的需求，很多小羊都被饿死了。其实，这些人忽视了生物链对自然界的重要性，每个物种的灭绝都可能影响到一系列的问题。人类不仅是生物圈的一部分，而且可以对生物圈各个生态系统起支配作用。人类如果能够意识到世间的一切都是刚柔相推，相互制衡，并且积极地通过自己的努力，保护生态系统，促进生态平衡，那么我们便不会受到大自然的报复。相反，现实中很多人就是意识不到生物链对于人类的重要性，依据自己的暂时利益随意切断生物链，这样下去，总有一天我们会将自己送上万劫不复之路。

南怀瑾先生说，宇宙万物各有其存在发展的极限或转折点，一旦达到其临界点则走向其反面，即阴阳互为界限而制衡。阳消则阴长，阴消则阳长，阴阳消长代表着事物的量变与质变规律。“无平不陂，无往不复”，否极而泰来，既济而未济，由此形成事物的波浪式前进与螺旋式上升的发展趋势。我们只有维护刚柔相推，互相制衡的生态平衡，才能获得长远的发展。

以退为进，赢得尊重

人生旅途中，退不是认输，也不是放弃，适时退回，才能再次发力。就好像弓始终拉紧便会崩断，适时地放松，才能将箭射得更远，更有力量。以退为进，是一种大智慧。

汉代公孙弘年轻时家里非常贫困，所以养成了生活简朴的习惯，一直到后来贵为丞相，依旧没改变简朴的习惯，吃饭睡觉都是越简单越好，从来不奢侈浪费。就因为这样，有大臣向汉武帝告状，大肆批评公孙弘贵为丞相，却装得很简朴，目的就是为了骗取俭朴清廉的美名，他太虚伪了。汉武帝便问公孙弘：“他所说的都是事实吗？”公孙弘恭敬却又谦逊地回答道：“他说得一点没错。在所有的大臣中，我们交情很好，他很了解我。如今，他既然当着你的面检举我，正是说到了我的要害。我贵为大官，却生活得和普通百姓没什么两样，确实是做得不好，有些虚伪。其实，陛下您应该因为有这样忠心耿耿的大臣而高兴，不然您怎么能了解了解到我们的这些方面呢？”汉武帝听了公孙弘的这一番话，反倒觉得他为人谦逊，就更加尊重他了。满朝的文武百官，甚至那个告状的官员听到这些后，开始重新审视公孙弘，对他也没有那么大的偏见了。

过分的辩解可能给人的感觉是油嘴滑舌，让人心生厌烦。以退为进，反而更能奏效，这是一种我们每个人都需要掌握的大智慧。现代社会，尤其是对很多的领导者来说，在这方面如果运用得好，更能受益匪浅。

正如南怀瑾先生说的，人生之路不会像百米跑道一样笔直、平坦，更多的是曲折和坎坷。我们很多人往往习惯一股脑地埋头向前冲，却不懂得在合适的时机退回来。事实上，事情的发展必然要经历一个循环往复的过程，成功的道路也不例外，有时候倒退，恰恰是为了更好地前进。时机不到，条件不成熟，或者能力、资金有限，处于弱势地位时，与其盲目冲动，不如静观退守。遇到困难，转换一下看问题的角度，适当地避让和迂回，或许可以出其不意地达到目的。

一念之间，人生成败的关键

建功立业，就在你一念之间的变通。一念之动有如此重要，也许是大成功，也许是大失败，没有中庸路线。

——南怀瑾

南怀瑾先生在对《易经》做解释时，曾以赶公交车的事例对“功业见乎变”做过解释。他认为，第一等人懂了《易经》，可以领导变；第二等人，是适应这个变；末等人则是变过以后，坐在那里骂变。就拿搭公共汽车的人来说，第一等人把时间看好了，第一个上车，坐在那里睡觉到终站。第二等人车子来了，排队在中间还可以弄个位置坐坐。第三等人公共汽车快要开了，他才拿个皮包在后面追，他会在后面边跑边骂为什么不等他！之所以会出现这样的人，就是因为他不知道如何适应这个变。其实，人生也是这样，成败全在一念之间。

生命长短有限，你无法控制，但“生命宽度”无限，你可掌握。天气阴晴有别，你无法控制，但你可以改变心情。容貌美丑天生，你无法改变，但笑容可随时出现。你不能控制他人，但你能掌握自己思想的方向。生活中遇到的很多事情都是这样，成败、开心、难过全在一念之间。

两种态度，两种人生

人们的生活质量并非全部由所发生的事情决定。人对待生活的态度就像一块磁铁，不论是正面还是负面，都能够把我们牵引。所以，我们要受哪种力量的牵引，在于我们的选择，而选择正面力量还是负面力量，全在我们一念之间。

有这样一个故事，一个农夫在果园里种了葡萄，在葡萄成熟的时候，紫红色的葡萄格外诱人，让人垂涎欲滴。在附近居住的小狐狸们便想要好好享用一下，于是纷纷来到这颗葡萄架下。面对高高的葡萄架，出现了两种截然不同的看法。一些狐狸认为，自己个头这么小，肯定摘不到葡萄，想着自己等了一年，愿望却落空了，于是很伤心地哭了起来，开始抱怨，如果自己也能有大象一样伟岸的身材，那么就可以不费吹灰之力地吃到葡萄了。然而自己这样，一辈子也吃不到新鲜的葡萄了。结果也真的应了它们的话，自然没有尝到这么好吃的葡萄。但是，却有另外一只狐狸，面对高高挂起的葡萄架，却有了完全不同的想法。它想，依靠自己的力量固然是徒劳的，但是若是大家共同为了摘到葡萄而努力，那么也许结果就不一样了。于是，它召集了很多想吃葡萄的狐狸，一同来到葡萄架下，像猴子捞月那样，搭成了狐狸梯子，就这样，小狐狸们全部吃到了新鲜可口的葡萄。

人生就是这样，很多事情，就在一念之间，正确的意识活动可以有效地指导人们的实践活动。然而，消极的情绪则会把人引入歧途，阻碍我们的发展。因而，我们必须自觉树立正确的思想意识，克服错误的观点。

就像南怀瑾先生所说的那样，所谓成败，就在一念之间。在日常生活中的每分每秒，不管大事小事，都要在我们的认真思考之下做出最正面最积极的判断。

朝生暮死，死生如在旦暮间

人类自然死亡的那一刹那，是无比舒服、无比快乐的。

——南怀瑾

有生就有死，任何人都不能避免。常言：“世间最公平者为死神。君不见，凡圣贤愚贫富妍丑寿夭皆归一死；叱咤风云，不可一世之王侯将相难免幻化；长寿如彭祖，虽为八百高龄亦终属南柯。”生死问题是每个人都要面对的问题。对生者来说，要想到我从哪里来；对即将垂暮的人来讲，要考虑我将到哪里去。所以生与死既不能迈过去，也不能躲开。我们该如何面对呢？

生死之问题，古已有之。《左传》中就有记载，太上有立德，其次有立功，其次有立言，虽久不废，此之谓不朽。我们的古人对生死问题深入思考，通过生反观死。其实，生生死死，死死生生，生死只是两个概念，没有我们想象中那么恐怖。正如南怀瑾先生说的，人真的到了要死的那一刻，其实是无比舒服的，不要贪恋世间的一切，勇敢地放手去寻找自己的另一段旅程。

淡看生死，潇洒人生

谈及生死，往往是我们最忌讳的一个话题。我们恐惧、心慌，殊不知，淡看生死，才能潇洒人生。我们既然知道死亡不可回避，那么就要以积极的心态去实现人生的愿望，实现人生理想，即使到了最终放手的那一刻，也会因为充实无憾而坦然。

影片《入殓师》，讲述了一个工作是入殓师的主人公，每分每秒穿梭在一次次的生死之间，亲眼目睹无数人在死别时哭得撕心裂肺，也看到离世时的安详与亲人的祝福。而他也逐渐由对死亡的恐惧、抗拒，慢慢地明白了生死无常，人人都需要坦然接受。就好像在影片中出现的鱼，每次的逆流而上，却总有很多鱼因此失去生命。我们人也一样，人生的旅途充满了无奈，突如其来的变故、疾病、死亡，都是我们无法掌控的。但是，当我们真的面对这些不如意时，或许更应该做的是坦然地接受，用积极的姿态迎接生活中的点点滴滴。不可掌控自己生命的长度，便努力扩充生命的内涵，延展生命的宽度。不辜负平生岁月，亦是给亲人朋友最大的宽慰。

有人说："人生，是森林中穿行而过的风。风来风去，忽然而已。"但是，我们不可忘记，风过留痕，雁过留声。人终归一死，这不可改变，但是我们在离开这个世界时，能留下什么，是我们可以决定的。既然知道生死的无常，那么何不放下心头的重担，潇洒快活地过完一生，将有限的生命放到自己热爱的事业上，不断为之努力，为后世留下宝贵的财富，延深生命的厚度。正如南怀瑾先生去世之前，虽身体羸弱，但依旧没有放弃自己的事业，没有因为生病而恐惧死亡，临危不惧地做着自己还能够做的事情，用实际行动向我们展示了面对生死最潇洒、最坦然的姿态。真正的潇洒，并不是任性妄为，而是尽心做好自己认为重要的事情、自己喜欢的事情，不受外界的困扰，彰显生命的意义。正如《红与黑》的作者司汤达的墓志铭：受过了，活过了，写过了。让我们人人淡看生死，潇洒一生，做到生如夏花般绚烂，死如秋叶般静美。这便是一生最圆满的答卷。

正视生死，勿有执念

南怀瑾先生说，生与死是人生旅途中的一个大转折，生死齐一，齐一生死，有着看透生死的勇气，就等于把人生中的生死问题彻底解决了。佛教六祖慧能禅师弥留之际，弟子们痛哭流涕，对他依依不舍。六祖说：“你们不用伤心难过，我另有去处。”

“另有去处”四字充满看破生死的智慧，六祖慧将死看做一段新的旅程的开始，中国有一句古话“视死如归”，把死看成回家一样，那应该是值得欢喜的事。世上的人都喜欢生，不喜欢死，原因是生能感受到，死了以后，就不知道了，所以大家都畏惧不知道的未来。

有一个人老年得子，欢喜庆祝的时候，门口来了一个禅师，站在那一直流泪，这人就问：“我老年得子，这么欢喜的事情，你在这哭什么呢？”禅师说：“我哭你家里又多了一个死人”。其实，禅师的意思是，一个人出生的时候，就已经知道注定要死，如果死是一件悲伤的事，那么在出生的时候就应该哭泣难过。

孔子曾说：“未知生，焉知死？”可见，我们要懂得生，从生的道理中推而想像，就会知道死的道理。南怀瑾先生赞同孔子的观点，生死问题就像平时用的衣服、汽车，东西老旧不能用了，就要淘汰报废，这就好像人老了要死。把老旧不能用的东西报废淘汰，换了新的物品，不是很欢喜吗？杨柳枯了有再发青的时候，花儿谢了有再开的时候，这既是自然规律，也是自然生生不息的道理，为什么非要难过伤心，放不下生死执念呢？

贪欲，生死轮回的根本

天下一切众生没有不自私的，所以永远成不了菩萨，也成不了佛。只求利益一切众生，不求利已，才是真正的菩萨，做到“饶益一切有情戒”才能成佛。

——南怀瑾

南怀瑾先生曾说过，人很奇妙，不论男女，往往都是到了只剩最后一口气的时候，欲念比任何时候都要强。结束生命，在断气的第一时间，人就要在人道中投胎，第一念便是由欲念而来。这一念便是生死轮回的根本。贪欲包含多个方面，欣赏书画、喜爱读书等等都是贪欲。所以，才有了“圆觉经”中的“种种恩爱贪欲”的说法，这些贪欲，便是一切生死轮回的根本。

少些计较，多些快乐

南怀瑾先生认为，欲望越多，痛苦也就越多，相应地生命也就不快乐。什么都想要，往往结果是什么也得不到。一辈子争权夺利、勾心斗角，这样的生命未免太过悲哀。仔细想想，其实“一箪食，一瓢饮，在陋巷，人不堪其忧，回也不改其乐”。这样的生活，倒是别有一番趣味。

从前，有两个关系十分要好的朋友，决定要到一个遥远的地方寻宝，但必须要徒步走10天的路程才能到达。于是，他们两个风尘仆仆，背上行囊，开始徒步前进。走了一段路程后，两人遇到了一位老者，老者看两个年轻人辛苦，就决定送给他们一个礼物。这个礼物就是，其中一个人许愿，愿望可以马上实现，而另一个人，就可以得到那个愿望的两倍。

两个人一听，都各自开始计划。其中一人想："这太好了。但是，我一定不要先许愿，让他先许，这样我就可以得到两倍的愿望了。"同样地，另一个人也开始嘀咕："我一定不能先讲，不然我就吃亏了，凭什么好处让他得。"就这样，两个原本要好的朋友开始反目，一定都要对方先讲。两人推托到最后，最终谁也没能说服谁。其中一个人怒了："让你先讲就讲，再不讲就将你的腿打断，把你掐死。"另一个人一听，自己的朋友居然敢威胁自己，心想：你无情，也别怪我无义，狠心地说出自己的愿望："我希望我的一条腿断了。"瞬间，这个人断了一条腿，而另一个人，断了两条腿。在一旁的老者看着，无奈地摇了摇头，我原本是好心想帮助你们。可是，你们贪欲太强，将愿望变成了诅咒，原本的双赢变成了双残。

人之所以有那么多的不快乐，就是因为心中贪欲太多，内心的计较太多。假如故事中的年轻人有一个能学会知足，少些贪欲，就不会是这样的结果了。

受不住诱惑，只能遭到惩罚

我们每个人经常会受到各种各样的诱惑。诱惑就像是一朵罂粟花，美丽却害人，一旦被它美丽的外表所迷惑，那么将承受万劫不复的痛苦。诱惑不可避免，我们能做的就是面对诱惑，把握好自己，不在物欲横流中迷失自己。

亚当和夏娃，原本可以永远幸福地生活在伊甸园中，但是他们却因心中存在贪欲，再加上魔鬼的诱惑，最终违背了上帝的命令，受到了惩罚，被赶出伊甸园。而魔鬼撒旦，同样是因为嫉妒上帝、嫉妒人类，才想要一步步摧毁人的身体、人的精神、人的意志力，最终受到了诅咒，永远、昼夜不停地忍受痛苦。

南怀瑾先生说，人的一生，就是一场博弈。要有拒绝名利诱惑的心力，才能去面对名利，否则便会误入歧路。有此心力的人，在低谷时不灰心，在峰顶时不失态，在泥淖中不抱怨，在乱花中不迷路，能淡定从容地对待成败得失。用淡然的心态去面对生活的起起伏伏、纷纷扰扰。不以物喜，不以己悲，从容地走自己的人生道路。

生命的辩证法：光明来自黑暗

光明与黑暗是对立的，但是，光明从哪里来呢？光明从黑暗而来，黑暗的实质就是光明。

——南怀瑾

《论语·子罕》：“子曰：岁寒，然后知松柏之后凋也。”意思是说，到了天气寒冷时，才能看出松柏是最后凋零的。岁寒，比喻艰难的环境。对于人类来说，又何尝不是在艰苦污浊的环境中才能知道谁是真正的君子。

南怀瑾先生对于松柏不畏严寒、坚韧不拔的品格极其推崇，用他的话来说，真正的君子有为之人一定如同松柏，在万千的磨难中不屈不挠，走过黑暗，跋涉泥泞，才最终取得了生命的辉煌。这才是真正符合生命辩证法的过程，即“光明来自黑暗”的过程。

正视挫折，越过黑暗

“故天将降大任于斯人也，必先苦其心志，劳其筋骨，饿其体肤，空乏其身，行拂乱其所为，所以动心忍性，曾益其所不能。”生命的旅途中，不会一帆风顺，不可避免地会遇到各种各样的阻碍。任何事物都有两方面，挫折一方面可以成为垫脚石，让我们在人生的道路上越走越远。但是，它也可以摧垮我们的意志，让我们从此一蹶不振。如何将挫折化为成长道路上前进的催化剂，关键在于我们要正确看待它，始终坚信任何挫折都是上天对我们的试炼，只是为了让我们更好。

晋朝的车胤，原本是富家子弟，不幸的是富裕生活没有延续，家道中落，一贫如洗。但是，他很坦然地面对生活中的贫困，认为谁都有可能遇到这些不幸，之前没发生在自己身上，是幸运，现在轮到了自己，也属正常。这也许是上天在给他另一种截然不同的生活，让他体验丰富多彩的人生？只要自己自强不息，学会吃苦耐劳，这也没什么大不了。于是，他白天帮人家洗衣服干活，晚上利用漫漫长夜读书，丰富自己的内涵。没钱买油灯，就捉萤火虫放在一个自制的很薄的布袋子里，吊在房梁上。就这样在自制的照明灯下，日日捧书夜读。他忍受了黎明前的黑暗，最终迎来了清晨的朝阳，成为当时一个赫赫有名的学者，成为一个深得人心的官员。面对挫折，车胤从来没有抱怨，而是以积极的心态去看待这些不幸。他很感谢这些挫折，假如自己一直生活在富裕家庭，恐怕只会吃喝玩乐，毫无意义。他也很庆幸自己没有被挫折打倒，一直坚持走过来了。

正如南怀瑾先生所说，光明来自黑暗，没有一个人会随随便便成功，任何人都会遇到困难，这是自然规律。越过黑暗，踏过泥泞，正视挫折，只有这样才能真正体会到光明的快乐，才能真正领悟生命的意义。

光明从黑暗中来

《易经》中讲“明极暗生，暗极明生。明从哪里来？从黑暗来，黑暗从哪里来？从光明来。”这与南怀瑾先生的观点不谋而合。南怀瑾先生认为，所谓光明黑暗，都是相互依存的。明从暗来，暗因明得生。世间的万事万物，都是这样，自然界无生命的个体是这样，有生命的个体同样是这样，人的生命更是这样。所以，才有“通乎昼夜之道而知生死”的说法。

就拿自然界举例，很久很久之前，电灯还没有发明出来，人们只是使用蜡烛煤油，亮度低，照耀范围小，生活非常不便。直到一个叫爱迪生的人出现，才改变了这个现状。黑暗让他恐惧、黑暗给他烦恼，他下定决心一定要发明一种明亮的灯泡，让夜晚不再黑暗。于是，他不断地在实验室做实验、写材料。然而，事情并不像他想象的那样简单。几年之后，上帝留给他的除了无数的失败，就是人们无情的嘲讽。但是这些都没让他放弃，他继续日复一日地钻进实验室进行研究。在经历了六千多次的失败后，他成功地发明了电灯。从此黑夜不再黑暗，黑夜也有了光明。

世间任何事物都是经历了从无到有，从黑暗到光明的阶段。无论是自然界的光明，还是人类的光明，任何光明都是来之不易的。同样地，任何光明，都是因为黑暗的催化、黑暗的对比才得以呈现。任何的光明都是在黑暗之后才出现的。

智慧的最高境界：精义入神，以致用也

学问越高，思想越复杂。高学问而变成单纯专一的人，那是天下第一人，由高明而归于平凡。

——南怀瑾

南怀瑾先生将毕生的精力都放在了与国学有关的学问上，他研究儒道佛、研究诸子百家，诗词歌赋，天文历法，在文学的道路上多年如一日，精心研究，笔耕不辍，最终成为当之无愧的“一代宗师”，为万千的人所学习、赞扬。

专注一个点

我们的时间与精力是有限的，不可能在所有的行业所有的领域都有所建树。如今，社会分工明确，对专业的要求越来越高，我们只有专注于一个领域，做到精益求精，才能真正生存下来。就好像曾国藩所说的，“用功譬如掘井，与其多掘数井而皆不及泉，何若老守一井，力求及泉，而用之不竭乎！”

有一次，一个青年很苦恼，他对昆虫学家法布尔说：“我很努力地把自己的全部精力都用在我爱好的事业上，但是结果却差强人意，没有一个很精通的，全都是只懂得了皮毛，我很难过，也很迷惑。”法布尔听后赞许地说：“能看得出来你是一个有志向的年轻人。”年轻人苦笑了：“是啊，我一直不知疲倦地将我所有的经历都投入在我的爱好上，科学、文学、音乐、美术，我把能用的时间全都用在它们身上。”法布尔没说话，从口袋里掏出来一块凸透镜，对年轻人说：“就像这块凸透镜一样，你试着将你所有的奖励放在一个焦点上试试看。”

年轻人若有所思地走了，3 年之后，他再次找到法布尔：“谢谢您，先生。多亏了您当年的指点，我才能有如此的成就。当时回到家之后，我开始思考您给我说的道理，我狠心地删掉了很多爱好，最终留下了一个我最喜欢的，并将全部精力都投入这一领域。后来我发现，一切好像都变得简单了，我也变得很轻松。现在我是一名优秀的科学家。”

是啊，很多失败的人并不是不够努力，只是他们没有专注地去做一件事，朝三暮四，将精力分散在太多的地方，在每一个领域都想插上一手，导致所有的领域都无法成功。专注地选择一件事情去做，将所有的精力集中至此，不懈地努力，很快便会在这个领域有所建树。可是在现实生活中，人们往往信奉“艺多不压身”，想要“十八般武艺”样样精通，谁知到头来却落得个“样样涉足，个个平平”的局面，导致“艺多不养家”的尴尬后果。诚如南怀瑾先生所说的，智慧的最高境界就是精义入神，以致用也。

最聪明的人往往选择坚持一件事情

曾经有一位女作家受邀出席一个笔会，她的身边做了一位年轻人。年轻男子见身旁的女孩衣着简朴，沉默寡言，便觉得她一定是一位不如自己的小作者。于是，以一种居高临下的态度问女子：“请问小姐，你是专业作家吗？”女子和善地回答：“是的先生。”“那请问小姐你有什么大作品，可否让我拜读一下呢？”女孩很谦逊：“我只是闲时写写小说，谈不上什么大作品。”女子的回答更加证实了男子的想法，于是男子便飘飘然：“我们都是写小说的，算得上是同行，我已经出版了 399 部小说了，请问，小姐你出版了几部呢？”女子回答：“一部。”男子听后，一脸的鄙夷：

“能否告诉我名字，看看我是否读过呢？”女子平静地回答“《飘》”。之后，女子起身离开座位，只剩下那个男人一脸的目瞪口呆。这个只完成了一部作品的作者就是玛格丽特·米切尔，而那个完成了几百部作品的人，至今不知叫什么名字，也没听说过他出版的小说叫什么名字。

是的，人生在世，重要的不是我们做了多少事，而是做了多少有意义的事。就像南怀瑾先生说的那样，聪明的人会去选择将一件事情做到极致，而只有愚笨的人，才会不停地去涉猎不同的事情，最终一无所成。

一生做好一件事，足矣。